ESPACIO JOVEN 360

Libro de ejercicios

Equipo ESPACIO

Nivel

A1

Edi numen

1.ª edición: 2017
1.ª reimpresión: 2018

© Editorial Edinumen, 2017

© **Autoras:** Paula Cerdeira Núñez y Ana Romero Fernández
© **Adaptación Equipo Espacio:** María Carmen Cabeza Sánchez,
Francisca Fernández Vargas, Luisa Galán Martínez, Amelia
Guerrero Aragón, Emilio José Marín Mora, Liliana Pereyra
Brizuela y Francisco Fidel Riva Fernández
Coordinación: David Isa de los Santos y Nazaret Puente Girón

Depósito legal: M-24102-2017
ISBN - Libro de ejercicios: 978-84-9848-937-8

Impreso en España
Printed in Spain

Coordinación editorial:
David Isa

Diseño de cubierta:
Carlos Casado

Diseño y maquetación:
Sara Serrano y Carlos Casado

Ilustraciones
Carlos Casado y Carlos Yllana

Fotografías
Archivo Edinumen, *www.shutterstock.com*
p. 4 (*Iniesta*, Maxisport), p. 4 (*Rafa Nadal*, Leonard Zhukovsky),
p. 4 (*Penélope Cruz*, Featureflash Photo Agency), p. 4 (*Shakira*,
Joe Seer), p. 4 (*Gemma Mengual*, Mitch Gunn), p. 4 (*Marc
Anthony*, Everett Collection).

Impresión:
Gráficas Glodami. Madrid

Editorial Edinumen
José Celestino Mutis, 4. 28028 Madrid. España
Teléfono: (34) 91 308 51 42
Fax: (34) 91 319 93 09
e-mail: edinumen@edinumen.es
www.edinumen.es

EXTENSIÓN DIGITAL
en **ELEteca**

Un espacio en constante actualización

- Las **audiciones** de este libro se encuentran disponibles y descargables en nuestra plataforma educativa.

- Para acceder a este espacio, entra en la **ELEteca** (https://eleteca.edinumen.es), activa el código que tienes a continuación y sigue las instrucciones.

CÓDIGO DE ACCESO

KeM7LWqaAY

Para más información, consultar los términos de uso de la ELEteca.

ÍNDICE

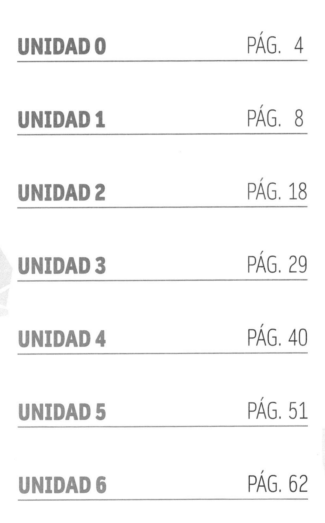

ASÍ SOMOS

¿QUÉ VES?

1 0.1. ¿Conoces a estos personajes famosos hispanos? Escribe su nombre. Después escucha y comprueba.

a ....

b ....

c ....

d ....

e ....

f ....

0.2. ¿Conoces estas ciudades? Relaciónalas con el país en el que se encuentran.

México D.F.

Montevideo

a Venezuela
b Argentina
c México
d Colombia
e Cuba
f España
g Uruguay
h Perú

Lima

Bogotá

La Habana

Caracas

Madrid

Buenos Aires

$a^b c$ EL ALFABETO

0.3. En cada fila hay dos letras desordenadas alfabéticamente. Señálalas y ordénalas.

a   b   c   d   e   f   g   ✗   ✗   j   k   m   l   n

☐   ☐   ☐   ☐   ☐   ☐   ☐   h   i   ☐   ☐   ☐   ☐   ☐

ñ   o   p   q   r   s   u   t   v   w   y   x   z

☐   ☐   ☐   ☐   ☐   ☐   ☐   ☐   ☐   ☐   ☐   ☐   ☐

0.4. Adrián no oye bien. Ayúdale a escribir los nombres de sus compañeros. A continuación, lee los nombres y deletréalos.

¡Hola, me llamo **Juan**!

¡Buenos días, yo soy **Carmen**!

¡Hola, yo soy **Susana**!

¡Hola Adrián! Yo me llamo **Alejandro**.

¡Hola!, ¿qué tal? Yo soy **Diego**.

a J u a n
b ....
c ....
d ....
e ....

0.5. Deletrea las siguientes palabras.

a tijeras ....

b estuche ....

c bolígrafo ....

d papelera ....

e carpeta ....

f turista ....

LA CLASE DEL ESPAÑOL

0.6. Completa las palabras y relaciónalas con las imágenes.

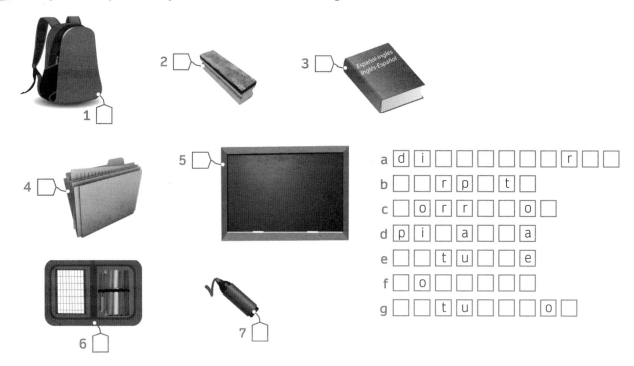

a | d | i | | | | | | | | r | |
b | | | r | p | | t | |
c | | o | r | r | | | o | |
d | p | i | | a | | | a |
e | | | t | u | | | e |
f | | o | | | | | |
g | | | t | u | | | | o |

0.7. Escucha y escribe los nombres de estos objetos. Hay cinco palabras que no se dicen. Complétalas tú.

0.8. ¿Recuerdas el nombre de estos objetos y personas de la clase? Relaciona.

a	⬭ el alumno/ la alumna	g	⬭ la puerta	m	⬭ el estuche
b	⬭ el bolígrafo	h	⬭ el tablón de anuncios	n	⬭ el borrador
c	⬭ la pizarra	i	⬭ la papelera	ñ	⬭ la carpeta
d	⬭ el cuaderno	j	⬭ la silla	o	⬭ la profesora
e	⬭ el lápiz	k	⬭ el diccionario	p	⬭ la goma de borrar
f	⬭ el rotulador	l	⬭ la mesa	q	⬭ la mochila

0.9. Completa los diálogos.

Diálogo A

▶ ¿Qué .... "perro"?

◁ "Perro" es *dog* en inglés.

▶ ¿Cómo se ....?

◁ Pe-e-erre-erre-o.

▶ ¿Puede ...., por favor?

◁ Pe-e-erre-erre-o.

▶ ¿........................ bien así?

◁ Perfecto.

Diálogo B

▶ ¿Cómo .... *to do* en español?

◁ "Hacer".

▶ ¿........................ en la pizarra?

◁ Sí, claro.

Unidad 1

HOLA, ¿QUÉ TAL?

COMUNICACIÓN

Saludar, presentarse, presentar a otros y despedirse

1.1. Completa los diálogos usando las siguientes frases.

> Muy bien, gracias. ▪ Hola, Juan. ▪ Hola, ¿qué tal? ▪ Encantada.
> ¿Cómo está usted? ▪ Buenos días, soy la profesora.

a ....
b ....
c ....
d ....
e ....
f ....

1.2. Colorea en rojo las expresiones para saludar y en azul para despedirse.

a	b	c	d
Buenas.	¿Cómo estás?	¡Hasta luego!	¡Hasta mañana!

e	f	g	h	i
¡Adiós!	¡Hola!	¿Qué tal?	¡Hasta pronto!	Buenos días.

3 **1.3.** Escucha y completa los diálogos.

Diálogo A
- Hola, buenas.
- Hola. ¿Cómo ....?
- Bien, ...
- ¿Cómo te ....?
- Me llamo Alberto,
  ¿......................?
- Hola, yo soy Marta.
- ....
- Encantada. ¿De dónde eres?
- Soy .... ¿Y tú?
- Yo soy ....
- ¡Adiós!
- ¡...................... luego!

Diálogo B
- Buenas tardes. Le
  .... al señor Pérez.
- Encantado.
- Es un ....
- ¿Es usted español?
- No, soy ....
- Yo soy ....

Diálogo C
- Hola, buenos días.
- Hola, ...
- ¿Cómo ....?
- Me llamo Lucas.
  ¿Y ....?
- Soy Javier, y soy el
  .... de inglés.
- ¿De dónde es usted?
- Soy irlandés.

Pedir y dar información personal

1.4. *¿Tú* o *usted*? Relaciona los diálogos con las viñetas. Identifica si son situaciones formales o informales.

Diálogo A

▶ Buenas tardes, soy Ana García.
◁ Hola, buenas tardes, señorita García. Mire, le presento al señor Martínez, el director de la escuela.
▶ Encantado, señorita García, ¿cómo está?
▶ Muy bien, muchas gracias. Encantada de conocerle.

Diálogo B

▶ ¡Buenos días, niños! Este es Alberto, un nuevo compañero.
◁ ¡Hola, Alberto! ¡Bienvenido a la escuela!
▶ Muchas gracias. ¡Hola a todos!

Diálogo C

▶ Le presento a usted al señor Gutierrez, el presidente.
◁ Hola, señor Gutierrez. Encantada. Yo me llamo Adriana Núñez.
▶ Encantado, señora Núñez.

Diálogo D

▶ ¡Hola, Bea! Mira, este es Raúl, mi mejor amigo.
◁ ¡Hola, Raúl! ¿Qué tal?
▶ ¡Hola, Bea! ¿Cómo estás?

1.5. Los nuevos compañeros de Adrián le hacen muchas preguntas. Relaciona las dos columnas y corrige los errores de las respuestas.

1 ¿Cuántos años tienes? •
2 ¿Qué haces? •
3 ¿De dónde eres? •
4 ¿Dónde vives? •
5 ¿Cuándo es tu cumpleaños? •
6 ¿Cómo te llamas? •

• a Soy estudianto. ➜ ....
• b Soy de la Francia. ➜ ....
• c Vivo en el Oviedo. ➜ ....
• d Te llamo Adrián. ➜ ....
• e Cince años. ➜ ....
• f El veintitrés de maio. ➜ ....

1.6. **a** Ordena el texto.

☐ Soy de París, la capital de Francia.
☐ Vivo en Oviedo, una ciudad del norte de España.
☐ Me llamo Adrián, tengo 15 años y soy de Francia.
☐ Estudio en la escuela y tengo cinco amigos:
☐ Juan, Carmen, Susana, Diego y Alejandro.
☐ Oviedo es una ciudad pequeña y es la capital de Asturias.
☐ Después de mis clases voy a natación.
☐ En el colegio tenemos clase de inglés, francés y español.
⑤ ¡Es fantástico vivir en Oviedo!

b Contesta las siguientes preguntas.

1 ¿De dónde es Adrián?
....
2 ¿Dónde vive? ....
3 ¿Cuántos amigos tiene Adrián?
....
4 ¿Cómo se llaman los amigos de Adrián?
....
5 ¿Cuántos idiomas estudia en la escuela? ....
6 ¿Cuántos años tiene? ....

c Di si es verdadero (V) o falso (F).

1 Adrián es del norte de España. Ⓥ Ⓕ
2 Oviedo es una ciudad del centro de España. Ⓥ Ⓕ
3 Oviedo es la capital de Asturias. Ⓥ Ⓕ
4 Adrián estudia inglés, español y francés. Ⓥ Ⓕ
5 Adrián no tiene amigos en la escuela. Ⓥ Ⓕ

Oviedo. Asturias.

1.7. **a** Relaciona las respuestas de la columna A con el pronombre interrogativo adecuado de la columna B. Hay varias opciones.

Columna A	Columna B
1 Me llamo Alberto. •	• **a** ¿Qué?
2 Tengo catorce años. •	• **b** ¿Dónde?
3 Vivo en el sur de España. •	• **c** ¿De dónde?
4 Soy estudiante. •	• **d** ¿Cómo?
5 Tengo dos amigos italianos. •	• **e** ¿Cuántos?
6 Soy de Madrid. •	• **f** ¿Cuándo?
7 Mi cumpleaños es el 23 de mayo. •	
8 Adrián es francés. •	

b Formula la pregunta adecuada para las respuestas del ejercicio anterior.

1 Respuesta: Me llamo Alberto.
Pregunta: *¿Cómo te llamas?*

2 Respuesta: Tengo catorce años.
Pregunta: ....

3 Respuesta: Vivo en el sur de España.
Pregunta: ....

4 Respuesta: Soy estudiante.
Pregunta: ....

5 Respuesta: Tengo dos amigos italianos.
Pregunta: ....

6 Respuesta: Soy de Madrid.
Pregunta: ....

7 Respuesta: Mi cumpleaños es el 23 de mayo.
Pregunta: ....

8 Respuesta: Adrián es francés.
Pregunta: ....

a^bc (VOCABULARIO)

Países y nacionalidades

1.8. Completa con el nombre de cinco países.

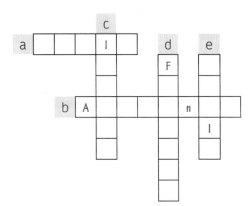

Pistas

a Hablan ruso.
b Hablan alemán.
c Roma es su capital.
d Hablan francés.
e Hablan español, pero no es España.

1.9. Completa la tabla con los países y la nacionalidad.

Países				
Francia				
		española		
			italianos	
Holanda				
				rusas
Grecia				
	suizo			
			alemanes	
		inglesa		

1.10. ¿De qué países son? Escribe la nacionalidad de cada personaje.

a Adelle

b Clément

c Elke

d Ekaterina

Los números del 0 al 31

1.11. Busca seis números del 0 al 20.

D	C	B	U	T	C	O	O
I	A	T	N	L	M	E	B
E	M	C	O	C	H	O	C
Z	A	U	C	F	G	E	A
B	C	A	T	E	C	L	S
A	F	T	S	N	R	M	T
G	S	R	O	D	A	T	R
L	O	O	N	U	E	V	E

— Pistas —

a Contiene un cero: ....
b Está entre el cero y el dos: ....
c Está entre el tres y el cinco: ....
d Contiene dos veces la letra "o": ....
e Contiene dos unos: ....
f Está entre el ocho y el diez: ....

1.12. Los siguientes números están desordenados. Ordena cada fila.

a Seis, diez, nueve, siete, ocho.
Seis, siete, ...

b Once, trece, quince, catorce, doce.
....

c Quince, veinte, dieciocho, diecinueve, dieciséis, diecisiete.
....

d Treinta, veintiocho, treinta y uno, veintisiete, veintinueve.
....

e Veintidós, veinticuatro, veintiuno, veinte, veintitrés.
....

1.13. Escribe el nombre de los números impares que faltan.

10	_once_	12		14		16		18	
		20		22		24		26	
		28		30					

1.14. Adrián apunta en su agenda los números de teléfono de sus nuevos compañeros. Escríbelos.

a Mi número de teléfono es 643 267 301.
   Seis, cuatro, tres, dos, seis, siete, tres, cero, uno.

b Mi número de teléfono es 608 310 042.
   ....

c Mi número de teléfono es 664 421 876.
   ....

d Mi número de teléfono es 632 231 495.
   ....

e Mi número de teléfono es 609 945 573.
   ....

4 ▶ 1.15. Escucha y escribe los números.

a ....
b ....
c ....
d ....
e ....
f ....
g ....
h ....

Los meses del año

1.16. Escribe los meses del año.

a _enero_

b ....

c ....

d ....

e ....

f ....

g ....

h ....

i ....

j ....

k ....

l ....

1.17. Ahora escribe cuándo es el cumpleaños de cada persona.

¿Cuándo es su cumpleaños?

SEPTIEMBRE **7**	AGOSTO **31**	ABRIL **27**
a	b	c ....

ENERO **15**	MARZO **19**	OCTUBRE **16**
d	e	f ....

GRAMÁTICA

Los artículos determinados e indeterminados

1.18. Escribe los artículos determinados adecuados.

a .... niño
b .... profesores
c .... libro de inglés
d .... regla

e .... gafas
f .... instituto
g .... biblioteca
h .... compañeros

i .... chicas
j .... diálogos
k .... apellido
l .... bandera

1.19. Escribe los artículos indeterminados adecuados.

a .... borradores
b .... pizarras
c .... calculadora
d .... niñas

e .... profesora
f .... libros
g .... reglas
h .... gafas

i .... institutos
j .... bolígrafos
k .... compañera
l .... chico

1.20. Escribe los artículos determinados e indeterminados de estas palabras.

a _el_ / _un_ bolígrafo
b .... / .... fotos
c .... / .... parque
d .... / .... casa

e .... / .... mapa
f .... / .... mochila
g .... / .... lápiz
h .... / .... pizarras

>>>

....	....	....	....
profesores	niñas	carpeta	libros

Ser, tener y llamarse: presente de indicativo

1.21. Relaciona los dibujos con el pronombre personal correspondiente.

a ellos ▪ b vosotros ▪ c nosotros ▪ d ellas ▪ e vosotras ▪ f yo

1 f

2 ☐

Ana y María

3 ☐

Yo (Paula), Juan y Alberto

4 ☐

Papá y mamá

5 ☐

Tú (Ana), Elena y Mónica

6 ☐

Tú (Ricardo), Andrés y Mateo

1.22. Completa las siguientes frases con el pronombre personal.

a .... me llamo María.

b .... somos Juan y Ana.

c .... se llama Alberto.

d .... es argentina.

e _Ellos_.... son españoles.

f .... somos italianas.

g .... sois inglesas.

h .... sois estudiantes.

1.23. Completa este cuadro con las formas conjugadas de dos verbos irregulares: *ser* y *tener*.

	yo	tú	él/ella/ usted	nosotros/ nosotras	vosotros/ vosotras	ellos/ellas/ ustedes
Ser		eres				
Tener					tenéis	

1.24. Completa las siguientes frases conjugando el verbo *ser*.

a Yo .... amigo de Juan.

b Ella .... española.

c Ellos .... María y Alberto.

d París .... la capital de Francia.

e ¿Cuándo .... tu cumpleaños?

f Mis padres .... cantantes.

g Mi escuela .... muy grande.

h María, ¿tú .... portuguesa?

1.25. Completa las siguientes frases conjugando el *tener*.

a Luisa y Amelia .... quince años.

b Juan .... catorce años.

c Carlos, ¿cuántos años .... ?

d Yo .... dos perros.

e Ella .... muchos amigos.

f Nosotros .... español los miércoles.

g ¿Vosotras .... animales en casa?

1.26. Elige el verbo correcto.

a Antonella **es** / **tiene** italiana.

b Nosotros **somos** / **tenemos** muy amigos.

c Yo **soy** / **tengo** quince años.

d Ella **es** / **tiene** dos amigos griegos.

e Ellos **son** / **tienen** de Francia.

f Nosotros **somos** / **tenemos** un diccionario.

g Ella **es** / **tiene** María.

1.27. Ahora completa otro cuadro con las formas conjugadas del verbo *llamarse*.

	yo	tú	él/ella/usted	nosotros/nosotras	vosotros/vosotras	ellos/ellas/ustedes
Llamarse			*se llama*			

1.28. Completa las siguientes frases con los verbos entre paréntesis.

a María .... (ser) española.

b Nosotros .... (ser) amigos.

c Ellos .... (ser) de Francia.

d Yo ...*tengo*... (tener) quince años.

e Ella .... (tener) un amigo alemán.

f Ellos .... (tener) un diccionario.

g Ella .... (llamarse) María.

h Nosotros .... (llamarse) Alberto y Luis.

i Vosotras .... (llamarse) Alba y Adriana.

1.29. Ordena la frase y conjuga el verbo.

a Ana y María catorce años *tener*.
  Ana y María tienen catorce años.

b *ser* Yo amigo de Juan.
  ....

c Ella *ser* española.
  ....

d *tener* Juan quince años.
  ....

e Nosotros dos amigos holandeses *tener*.
  ....

f *llamarse* Ellos María y Alberto.
  ....

g La niña Alba *llamarse*.
  ....

h Tú Ana *llamarse*, ¿verdad?
  ....

1.30. Responde y corrige las preguntas de Clément.

a Mary es de Inglaterra. Es inglés, ¿verdad?
  No, ella es inglesa.

b Yo me llamo Clément y soy de Francia. Soy francés, ¿verdad?
  ....

c Un chico de España es españolo, ¿verdad?
  ....

d Alejandro es de Holanda. Es holando, ¿verdad?
  ....

e Stephan es de Suiza. Es sueco, ¿verdad?
  ....

f La amiga de Adrián es de Portugal. Es portugala, ¿verdad?
  ....

g Rafa es de Alemania. Es alemanense, ¿verdad?
  ....

h Svetlana es de Rusia. Es ruso, ¿verdad?
  ....

PRONUNCIACIÓN Y ORTOGRAFÍA

La pronunciación de *ch*, *ñ* y *s*

5 **1.31.** Dictado. Escucha y completa.

a El .... tiene 10 ....   c .... un mapa de ....

b El queso es ....   d El .... es del ....

CULTURA

Así somos

1.32. Contesta verdadero o falso.

a Ⓥ Ⓕ En España nunca dan dos besos para saludar.

b Ⓥ Ⓕ El apretón de mano se utiliza en situaciones formales.

c Ⓥ Ⓕ Ana es el nombre de mujer más frecuente en España.

d Ⓥ Ⓕ En España el primer apellido normalmente es el del padre y el segundo apellido el de la madre.

1.33. Observa las siguientes imágenes. ¿Cómo se saludan estas personas?

a ....   b ....   c ....   d ....

1.34. Busca en internet y responde a estas preguntas.

a ¿Cuántas personas hablan español en el mundo?

....

b ¿Cuál es la segunda lengua más estudiada en el mundo?

....

c ¿De dónde es Shakira?

....

d ¿Cuántas lenguas oficiales hay en España?

....

 **EVALUACIÓN**

Comprensión de lectura

1.35. **Lee las siguientes presentaciones y elige la opción correcta.**

Hola, me llamo Marie. Soy francesa, pero vivo en España. Soy estudiante y tengo 19 años.

Buenos días. Yo soy Julia y soy inglesa. Soy enfermera y vivo en Canarias.

Hola, ¿qué tal? Me llamo Miguel y tengo 14 años. Vivo en Italia, pero soy español. Estudio en Milán. Soy estudiante.

Hola a todos. Yo soy Carmen y soy de México. Tengo 28 años. Trabajo en un hospital.

a Marie es de **España** / **Francia** / **Italia**.

b Marie tiene **diecisiete** / **dieciocho** / **diecinueve** años.

c Julia es **enfermera** / **profesora** / **médica**.

d Julia vive en **España** / **Francia** / **Portugal**.

e Miguel tiene **trece** / **once** / **catorce** años.

f Miguel es de **México** / **Italia** / **España**.

g Carmen es **española** / **italiana**/ **mexicana**.

h Carmen es **estudiante** / **profesora** / **médica**.

Comprensión auditiva

6 **1.36.** **Escucha las presentaciones y contesta las preguntas. Después, responde sobre ti.**

	Alejandra	Roberto	
a ¿Cuántos años tiene?			
b ¿De dónde es?			
c ¿Dónde vive?			
d ¿Tiene hermanos?			
e ¿Qué animal tiene?			
f ¿Cuál es su color favorito?			
g ¿Cuántos compañeros tiene?			

Expresión e interacción escritas

1.37. **Escribe una pequeña presentación sobre ti.**

Expresión e interacción orales

1.38. **Llegas nuevo a tu instituto y te presentas a tus profesores y a tus compañeros.**

ESTÁS EN TU CASA

COMUNICACIÓN

Hablar de las preferencias y expresar opinión

2.1. **Usa las palabras del cuadro para completar las frases.**

verde ▪ favorito
maravillosa ▪ opinión
ti ▪ Creo ▪ Cuál

a Para .... la cocina es un lugar muy interesante.

b .... que San Sebastián es una ciudad ....

c ¿............................ es tu libro ....?

d En mi ...., bailar es aburrido.

e Mi color favorito es el ....

2.2. **a** **Lee el texto y contesta verdadero (V) o falso (F).**

Hola, me llamo Edu. Yo creo que mi nombre es muy bonito. Tengo quince años. Vivo en Sevilla. Para mí, Sevilla es una ciudad fantástica.

Mi mejor amiga se llama Antonia, pero en mi opinión es un poco aburrida. Mi cantante favorito es Enrique Iglesias y mi comida favorita la hamburguesa. Creo que la hamburguesa que yo preparo es maravillosa.

Pienso que cocinar es divertido. En la estantería verde de mi dormitorio tengo libros de cocina para preparar cosas increíbles.

1 Opino que mi nombre es horrible. ☐

2 Creo que Sevilla es fantástica. ☐

4 Mi mejor amiga es muy divertida. ☐

3 Mi cantante favorito es Julio Iglesias. ☐

5 Creo que cocinar es divertido. ☐

b **Contesta las siguientes preguntas.**

1 ¿Cuantos años tiene Edu? ....

2 ¿Dónde vive? ....

3 ¿Cómo se llama la amiga de Edu?

....

4 ¿Cuál es el cantante favorito de Edu?

....

5 ¿Cuál es la comida favorita de Edu?

....

6 ¿Qué tiene Edu en la estantería de su dormitorio?

7 ¿De qué color es la estantería? ....

8 ¿Qué piensa que es divertido?

....

^ba_c VOCABULARIO

Los colores

2.3. Busca en internet las camisetas de fútbol de estos países y escribe el nombre de los colores.

a Irlanda	b Reino Unido	c España	d Portugal

7 **2.4.** Escucha y colorea.

La casa

2.5. Relaciona las palabras con los dibujos y después completa el crucigrama.

  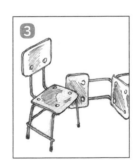  

☐ a lámpara ☐ c armario ☐ e horno ☐ g salón ☐ i revistas
☐ b ducha ☐ d bañera ☐ f lavabo ☐ h sillas ☐ j cocina

>>>

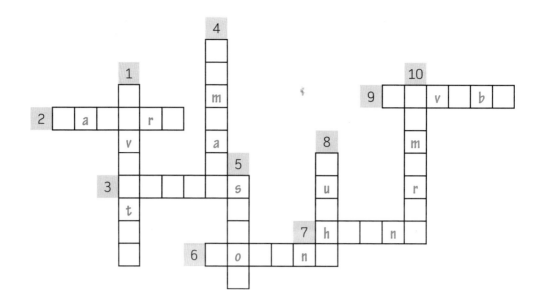

2.6. Esta es la casa de Lucía. Escribe el nombre de las partes de la casa.

a ....
b ....
c ....
d ....
e ....
f ....
g ....
h ....
i ....

2.7. Completa las frases según la casa de Lucía.

a En casa de Lucía, la cocina está ....
b El comedor está ....
c En el salón de Lucía, la alfombra está ....
d La cama está ....
e La estantería está ....

2.8. a Marcos describe su casa y su habitación. Escucha y responde con verdadero (V) o falso (F).

1 Ⓥ Ⓕ En la casa de Marcos hay tres habitaciones.
2 Ⓥ Ⓕ En el recibidor hay un armario pequeño.
3 Ⓥ Ⓕ La cocina está a la derecha del pasillo.
4 Ⓥ Ⓕ En el comedor hay cuatro sillas, un sofá y dos sillones.
5 Ⓥ Ⓕ Los libros están en la estantería del salón.
6 Ⓥ Ⓕ Desde el balcón puedo ver la ciudad.

b **Escucha de nuevo y responde a las preguntas.**

1 ¿Cómo es la casa de Marcos? ....
2 ¿Dónde está la casa de Marcos? ....
3 ¿Cómo es el recibidor? ....
4 ¿Qué hay en el despacho? ....
5 ¿Dónde está el baño? ....
6 ¿Cómo es el salón comedor? ....
7 ¿Qué hay delante del sofá? ....
8 ¿Qué hay en el balcón? ....

Los muebles

9 **2.9.** a **Escucha y escribe el nombre de cada mueble u objeto en su lugar correspondiente.**

dormitorio	cocina	cuarto de baño	terraza	garaje	salón comedor

b **Completa la tabla con el nombre de otros muebles que has aprendido en esta unidad.**

2.10. **Encuentra en cada columna la palabra que no pertenece a ese grupo.**

a	b	c	d	e
horno	almohada	apartamento	sofá	escritorio
vitrocerámica	sofá	piso	sillón	cocina
frigorífico	cama	recibidor	mesa	pasillo
espejo	mesita de noche	adosado	sillas	dormitorio
lavavajillas	alfombra	chalé	almohada	jardín

2.11. **Observa la imagen y escribe el nombre de los muebles y objetos que hay en la habitación.**

a ....
b ....
c ....
d ....
e ....
f ....
g ....
h ....
i ....
j ....
k ....
l ....

2.12. Completa la descripción con las palabras del recuadro.

> habitación ▪ encima ▪ libros ▪ luminosa ▪ habitaciones ▪ hay
> pasillo ▪ están ▪ izquierda ▪ está ▪ lado ▪ es

Mi casa .... muy grande y muy .... En la entrada ....
un recibidor y a continuación un .... muy largo. A la derecha del pasillo
.... las .... y a la ...., la cocina y el baño. El salón
.... al fondo del pasillo, al .... de la terraza. Mi ....
es pequeña, hay una cama, una mesita, un armario y un escritorio. ....
del escritorio siempre hay muchos .... y revistas.

2.13. Escribe el nombre de estos lugares.

a .... b .... c .... d ....

2.14. Escribe la letra correspondiente al lugar de la actividad 2.13 donde puedes encontrar estos muebles y objetos. Algunos pueden estar en varias habitaciones.

- ☐ cama
- ☐ bañera
- ☐ armario
- ☐ estantería
- ☐ vitrocerámica
- ☐ lavavajillas
- ☐ frigorífico
- ☐ mesa
- ☐ mesita de noche
- ☐ sofá
- ☐ sillón
- ☐ ducha
- ☐ espejo
- ☐ silla
- ☐ escritorio

Los números del 32 al 101

2.15. Lee los siguientes números y márcalos en el globo.

- a veinticuatro
- b treinta y cinco
- c cuarenta y siete
- d treinta y uno
- e ochenta y ocho
- f noventa y seis
- g sesenta y tres
- h cien
- i setenta y dos
- j cincuenta y nueve

☐ 72 ☐ 88 ☐ 24

☐ 35 ☐ 62 ☐ 47

☐ 100 ☐ 63 ☐ 59 ☐ 96

☐ 64 ☐ 25 ☐ 31

2.16. Vamos a practicar las matemáticas. Haz las operaciones y escribe el resultado. **Ejemplo:** *7 x 3 = veintiuno.*

- a 22 + 22 = ...
- b 27 x 2 = ...
- c 44 + 22 = ...
- d 9 x 5 = ...
- e 98 : 2 = ...
- f 82 - 30 = ...
- g 41 x 2 = ...
- h 30 + 3 = ...

2.17. Escribe en letras los siguientes números.

- a 94 = ...
- b 25 = ...
- c 41 = ...
- d 34 = ...
- e 58 = ...
- f 69 = ...
- g 73 = ...

2.18. Escribe en cifras los siguientes números.

a veintiséis ➡ ....

b veintiocho ➡ ....

c cuarenta y seis ➡ ....

d cincuenta ➡ ....

e ochenta y ocho ➡ ....

f setenta y tres ➡ ....

g noventa ➡ ....

10 **2.19.** Escucha y tacha los números.

40 65 56 53 97

79 35 72 31 75 44

37 28 100 82 73

GRAMÁTICA

El sustantivo: género y número

2.20. Lee las siguientes palabras y escribe *el* o *la* delante de ellas. Utiliza el diccionario si lo necesitas.

a .... foto

b .... instituto

c .... música

d .... parque

e .... casa

f .... bolígrafo

g .... mapa

h .... día

i .... niña

j .... carpeta

k .... problema

l .... cartel

m .... lápiz

n .... pizarra

ñ .... profesor

o .... sofá

2.21. Escribe el plural de las palabras anteriores. Escribe *los* o *las* delante de ellas.

a ....

b ....

c ....

d ....

e ....

f ....

g ....

h ....

i ....

j ....

k ....

l ....

m ....

n ....

ñ ....

o ....

2.22. ¿Femenino o masculino?, ¿singular o plural? Completa las palabras como en el ejemplo.

a amig*os*

b fot............

c partitur............

d libr............

e ced............

f cas............

g lápic............

h bolígraf............

i mochil............

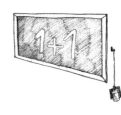

j pizarr............

2.23. a **Clasifica las siguientes palabras en su columna correspondiente.**

> compañeros ▪ clase ▪ sillas ▪ mesas ▪ alumnos ▪ profesor ▪ pizarra ▪ estanterías ▪ libros
> dibujos ▪ pared ▪ papelera ▪ baño ▪ comedor ▪ alfombras ▪ ordenador

femenino singular	masculino singular	femenino plural	masculino plural

b **Transforma ahora todas las palabras anteriores del singular al plural.**

femenino singular ➔ femenino plural	masculino singular ➔ masculino plural
clase ➔ clases	profesor ➔

El adjetivo: concordancia

2.24. **Relaciona los sustantivos y los adjetivos que concuerdan en género y número.**

1 Las casas •   • a negra
2 El rotulador •   • b grande
3 El mapa •   • c amarillos
4 La pizarra •   • d altas
5 Los lápices •   • e rojo

2.25. **Subraya el adjetivo correcto.**

a Mi teléfono móvil es **negro / negros**.
b Mi clase es **grandes / grande**.
c María está **contento / contenta**.
d Las carpetas son **rojos / rojas**.
e Mi sofá es **grande / grandes** y **amarilla / amarillo**.
f Tu moto es **negro / negra**.
g Tengo unas gafas **nueva / nuevas**.
h Los árboles son **verdes / verde**.
i Es una chica **alto / alta** y **simpática / simpáticas**.
j El **nueva / nuevo** profesor es muy **simpático / simpática**.

2.26. a **Completa las frases con la terminación correcta.**

> -ante ▪ -ible ▪ -ido ▪ -ial
> -ico ▪ ~~-oso~~ ▪ -ido

Para mí, este libro es...

1 maravill oso
2 fantást
3 gen
4 divert
5 interes
6 aburr
7 horr

b **Vuelve a escribir estos adjetivos pero ahora en su forma femenina.**

En mi opinión esta película es...

1 ....
2 ....
3 ....
4 ....
5 ....
6 ....
7 ....

2.27. **Cada una de estas frases tiene un error. Corrígelo.**

a Los bolígrafo son azules.
   Los bolígrafos son azules.

b En verano las días son más largos.
   ....

c Los estudiante escucha música clásica.
   ....

d Los peces son azul.
   ....

e La mochilas es negra.
   ....

f La profesor se llama María.
   ....

g Los yogures son blancas.
   ....

h Las pizarras son negros.
   ....

Verbos terminados en -ar: presente de indicativo

2.28. **Escribe las terminaciones en su lugar.**

-as ▪ -amos ▪ -áis ▪ -o ▪ -an ▪ -a

	borrar
yo	borr
tú	borr
él/ella/usted	borra
nosotros/as	borr
vosotros/as	borr
ellos/ellas/ustedes	borr

2.29. **Escribe los verbos en su forma correcta.**

a Robert .... (hablar) muy bien español.

b El profesor .... (trabajar) en una escuela.

c .... (Preparar, yo) una redacción sobre las vacaciones.

d Nosotros .... (viajar) mucho.

e ¿Dónde .... (comprar, tú)?

f ¿Por qué .... (estudiar, vosotros) español?

g En clase .... (escuchar, nosotros) canciones en inglés.

h Shakira .... (cantar) y .... (bailar) muy bien.

i Las niñas .... (pasear) por el parque.

j Todos los días .... (hablar, ellos) por teléfono.

2.30. **Fíjate en las fotografías y completa las frases con los verbos del recuadro.**

comprar ▪ cantar ▪ bailar ▪ terminar ▪ estudiar ▪ cocinar

a Gallirotti .... muy bien, ¿verdad?

b Pablo y Álex .... a la biblioteca todas las tardes.

c Mi amiga .... sus clases a las dos.

d Yo .... en el supermercado.

e Nosotros .... comida japonesa.

f Gonzalo y yo .... juntos en las fiestas.

2.31. Clasifica las formas verbales en la columna correcta.

> hablamos ▪ estoy ▪ ~~miras~~ ▪ escuchan ▪ bailo ▪ estudia ▪ cenáis ▪ caminas ▪ cantáis
> paseamos ▪ está ▪ miran ▪ pasean ▪ compro ▪ termina ▪ preparas ▪ viajáis ▪ cocinamos

yo	tú	él/ella/usted	nosotros/nosotras	vosotros/vosotras	ellos/ellas/ustedes
	miras				

2.32. Completa las frases con un pronombre personal. Presta atención a los verbos.

a .... habla mucho en clase.

b .... miramos la televisión por la tarde.

c ¿..................... compráis el periódico?

d .... están en Granada.

e .... se llama Manuel.

f ¿..................... escucháis música en el mp3?

g .... canto canciones.

h .... trabajas en un hospital.

i .... estudiamos todos los días por la tarde.

2.33. Forma frases con estas palabras.

a cantar/José/en la ducha./siempre
José canta siempre en la ducha.

b hablar/en la cocina./Carlos/Nuria/y
....

c bailar/bien./Alfredo/no
....

d mucho./y/yo/viajar/Óscar
....

e caminar/Sergio/ todas las mañanas./veinte minutos
....

f ¿Escuchar (tú)/la radio?
....

g estudiar/español e inglés./Yo
....

h ¿Por qué/al suelo?/tirar (vosotros)/los papeles
....

El verbo *estar*

2.34. Completa las frases con la forma correcta del verbo *estar*.

> estoy ▪ estás ▪ está ▪ estamos ▪ estáis ▪ están

a ▶ Hola… ¿Santi? ¿..................... en casa?

◁ Sí, mamá, ... en mi habitación haciendo los deberes.

b Mis padres y yo .... de vacaciones en Mallorca, pero mi hermana .... de vacaciones en Málaga con unas amigas.

c ¿Sabes dónde .... mis llaves? No las encuentro.

d Si .... en el supermercado, ¿podéis comprar una botella de aceite?

2.35. Completa las frases conjugando el verbo *estar*.

a Si no .... muy lejos del centro, podéis visitar la Catedral, es muy bonita.

b Hoy mis padres y yo .... en la nueva casa de mis tíos, es muy grande.

c Mi habitación .... al lado de la habitación de mis padres.

d ▶ Hola, Pedro, ¿de qué conoces a Luisa? ¿............................... en su clase?

 ▷ No, yo no .... en su clase, Luisa va a la clase mi hermana, ellas .... en 3.º.

e Carmen, ¿............................... enfadada conmigo?

f El supermercado .... cerca de mi apartamento.

g ¿............................... Roberto en casa?

h Yo .... en la parada de taxi.

PRONUNCIACIÓN Y ORTOGRAFÍA

Las letras *h*, *ll*, *y*

2.36. Escribe *h*, *ll* o *y* en las siguiente palabras.

a ....ielo

b re........

c a........ora

d ....ave

e ....o

f ca........e

g ....uvia

h ....abitación

CULTURA

Vivir en España

2.37. Completa las frases con las palabras del recuadro.

centro ▪ pueblo ▪ casas ▪ pisos ▪ jóvenes ▪ plantas ▪ barrios ▪ edificio

a En España, mucha gente en las ciudades vive en ....

b La gente joven quiere vivir en el .... porque hay mucha vida nocturna.

c Las ciudades tienen muchos .... en los que hay supermercados, parques, iglesias...

d En los pueblos españoles la gente vive en .... más grandes, chalés o adosados.

e La gente vive en casas de una o dos ....

f La Pedrera es un famoso .... del arquitecto Antonio Gaudí.

g En España, muchos .... menores de treinta años viven con sus padres.

h Priego de Córdoba es considerado el .... más bonito de España.

Vistas de Madrid

La Pedrera

Priego de Córdoba

EVALUACIÓN

Comprensión de lectura

2.38. **Lee y responde a las preguntas.**

En España hay muchos tipos de viviendas. Por ejemplo: pisos o apartamentos, chalets (casas con jardín) y casas tradicionales con un gran patio.

El 78% de la gente española vive en ciudades. El 22% vive en zonas rurales.

Para los españoles, es importante ser el propietario de su casa. El 80% de ellos prefiere comprar una casa antes que alquilar.

En España viven más de 47 millones de personas.

Las dos ciudades españolas más importantes son Madrid, la capital, y Barcelona.

España es el lugar más popular del mundo para ir de vacaciones: ¡58 millones de turistas la visitan cada año!

a ¿Qué tipo de viviendas hay en España?

b ¿Cuántos turistas visitan España cada año?

c ¿Cuál es el porcentaje de españoles que no viven en ciudades?

d ¿Es cierto que los españoles prefieren alquilar casas a comprarlas?

e ¿Cuáles son las dos ciudades más importantes de España?

Comprensión auditiva

11 **2.39.** **Marta describe su escuela y su clase. Escucha y responde.**

a ¿Cuántas chicas y cuántos chicos hay en la clase de Marta? ....

b ¿Cuántas mesas en total hay en la clase? ....

c ¿Dónde está la mesa de la profesora? ....

d ¿Qué hay encima de la mesa de la profesora? ....

e ¿Dónde está la pizarra blanca? ....

f ¿Dónde está el reloj? ....

12 **2.40.** **Escucha las respuestas y escribe las preguntas.**

a ....

b ....

c ....

d ....

e ....

Expresión e interacción escritas

2.41. **Escribe un correo a tu amigo/a donde describes tu casa.**

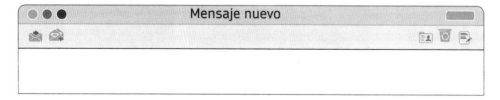

Mensaje nuevo

Expresión e interacción orales

2.42. **Describe tu habitación a tu compañero/a.**

¡ES MUY SIMPÁTICA!

Unidad 3

💬 (COMUNICACIÓN)

El aspecto físico

3.1. **Alberto anota en su libreta las características de sus compañeros de clase. Completa las frases utilizando los verbos *ser*, *tener* y *llevar*.**

a Ana .... muy guapa. .... los ojos azules y es muy morena.

b Raúl .... muy simpático. .... siempre un pantalón azul.

c María .... catorce años.

d Juan y Silvia .... gafas.

e Beatriz y Daniel .... muy tímidos.

f Yo .... muy abierto.

3.2. **Te presentamos a John, el amigo inglés de Alberto. John confunde los verbos *ser*, *tener* y *llevar*; corrige los errores del recuadro.**

ser	tener	llevar
rubio	~~simpático~~	ojos verdes
abierto	cazadora roja	gafas
catorce años	pelo largo	delgado
ojos verdes	serio	vestido corto
simpático	....	....
....	....	....
....	....	....

3.3. **Ordena las siguientes frases.**

a rubia./chica/María/una/es/y/alta
....

b sol./siempre/Yo/gafas/de/llevo
....

c padres/tienen/son/y/ojos/los/Mis/morenos/negros.
....

d niños/llevan/roja./cazadora/una/Los
....

e muy/hijos/Raúl/de/son/tímidos./Los
....

f y/doce/son/Pedro/Ana/y/tienen/años/primos.
....

g blanco./Mis/abuelos/el/tienen/pelo
....

3.4. **Señala el número de errores en cada frase y corrígelos.**

a ③ ~~Mi~~ hermanas son ~~rubio~~ y ~~llevan~~ los ojos azules.
Mis hermanas son rubias y tienen los ojos azules.

b ☐ Los primas de Ana son muy simpáticos.
....

c ☐ Suya amiga es italiana y es el pelo rizado.
....

d ☐ Mis abuelos sois muy mayores y tenéis el pelo blanca.
....

e ☐ Yo tienes trece años y tú tengo quince.
....

f ☐ Nos llamamos Alberto, tenemos doce años y somos de español.
....

3.5. Observa los dibujos y descríbelos.

Ana

descripción física

Se llama Ana y...

ropa

Paco

descripción física

Es Ricardo y...

ropa

Mónica

descripción física

Se llama Carmen y...

ropa

3.6. Describe a las personas de las fotografías.

a ....

b ....

c ....

d ....

e ....

f ....

El carácter y el estado físico

3.7. John y Alberto juegan a las adivinanzas con los adjetivos de carácter. ¡Descubre el adjetivo!

a Empieza por H. Habla mucho:
....

b Empieza por T. No es una persona muy sociable:
....

c Empieza por V. Trabaja muy poco:
....

d Empieza por A. Es una persona extrovertida:
....

e Termina en R. Trabaja mucho:
....

f Empieza por A. No es una persona muy divertida: ....

g Termina en E. Es una persona educada y agradable:
....

h Termina en E. Saca muy buenas notas:
....

3.8. Completa las frases con *ser* y *tener* en presente de indicativo.

a Hoy Ana y yo .... mucho sueño.

b Mis primos nunca estudian para los exámenes, ... muy vagos.

c Nunca estudia, pero siempre aprueba. .... muy inteligente.

d No quiero comer, no .... hambre.

e Siempre ayudan a su madre en las tareas de la casa, ... muy trabajadores.

f Juan no lleva abrigo, ... calor.

g María y Luis necesitan beber algo, ... sed.

3.9. Relaciona las dos columnas y encuentra los opuestos.

1 simpática •   • a tímido
2 divertida •   • b frío
3 trabajadora •   • c maleducado
4 abierto •   • d sed
5 amable •   • e vaga
6 calor •   • f aburrida
7 hambre •   • g antipática

13 3.10. Fermina describe el carácter de algunos miembros de su familia. Completa el texto.

Mi hermana Carmen es muy .... y .... Mi hermano Antonio es muy .... y .... Mi primo Francisco es muy .... Mi prima Luisa es .... y ...., pero Soledad es .... y un poquito .... A mí quien más me gusta es Elvira que es .... y muy ...., además, tiene un perro muy ....

3.11. Encuentra y relaciona los adjetivos opuestos.

a simpática   b divertido   c abierto   d trabajadora   e amable   f generoso   g alegre

○ tímido   ○ egoísta   ○ serio   ○ maleducado   ○ vaga   ○ aburrido   ○ antipática

3.12. Completa el texto con las siguientes palabras.

> hablador ▪ alegre ▪ liso ▪ guapa ▪ pequeña ▪ divertida ▪ azules
> rubio ▪ grande ▪ simpáticos ▪ grandes ▪ castaño ▪ largo ▪ maleducado

Mi amiga Carmen es muy **a** .... Lleva el pelo **b** .... y **c** .... de color **d** .... Lleva gafas. Tiene la nariz **e** .... y los ojos **f** .... y **g** .... Su hermano no se parece a ella porque es **h** ...., tiene la nariz **i** ...., los ojos oscuros y no lleva gafas. Los dos son muy **j** .... Carmen es muy **k** .... y **l** ...., pero también es tímida.

Su hermano es abierto y muy **m** .... A veces es un poco irresponsable y **n** ....

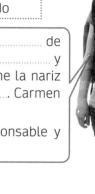

a^bc **VOCABULARIO**

La familia

3.13. Alberto nos presenta a su familia. Lee con atención el siguiente texto.

Me llamo Alberto y os presento a mi familia. Somos seis hermanos: tres chicos y tres chicas. Mis padres se llaman Jorge y María, y mis hermanos Rocío, Sonia, Carla, Julio y Mateo. Mi madre es la mayor de dos hermanas y mi padre es el menor de tres hermanos. La hermana de mi madre se llama Susana y los hermanos de mi padre se llaman Juan y Eduardo. Tengo un abuelo y una abuela. Mi abuelo se llama Armando y es el padre de mi madre, y mi abuela se llama Ángela y es la madre de mi padre.

a Completa el árbol genealógico.

b Completa las siguientes frases.

1 Ángela es .... de Eduardo.

2 Armando es .... de María.

3 Sonia es .... de Carla.

4 Juan es .... de Eduardo.

5 Sonia es .... de Susana.

6 Rocío y Mateo son ....

3.14. Busca cinco palabras relacionadas con la familia.

A	O	S	C	D	E	F	G	H
T	L	B	O	R	S	A	M	O
Í	E	L	A	B	B	T	T	A
A	U	G	A	B	R	E	A	B
B	B	G	R	S	E	I	U	L
C	A	T	E	F	A	N	N	M
H	A	H	E	R	M	A	N	O

a El hijo de mi padre: ....

b El padre de mi madre: ....

c La hija de mi hija: ....

d La hermana de mi madre: .... *tía* ....

e El hijo de mi hermano: ....

3.15. Ordena las letras y encuentra el miembro de la familia.

a emraanh ➡ *h e r m a n a*

b srmiop ➡ ....

c toien ➡ ....

d osiborn ➡ ....

e ableua ➡ ....

3.16. Pon el nombre correcto en las siguientes frases.

> hermana ▪ casa ▪ libro ▪ hermanas
> familia ▪ primos ▪ amigos

a Mi ..... *familia* ..... es muy numerosa.

b Nuestros .... son muy simpáticos.

c Su .... es mi mejor amiga.

d Mi .... es muy interesante.

e Vuestra .... es muy pequeña.

f Vuestros .... son muy tímidos.

g Mis .... son rubias.

3.17. a Andrés presenta a su familia. Observa con atención el árbol genealógico y completa el siguiente texto.

Me llamo Andrés y os presento a mi familia. Somos seis hermanos, tres chicas y tres chicos. Mis hermanos se llaman 1 .... y 2 ...., y mis hermanas se llaman 3 ...., 4 .... y 5 .... Mi padre se llama 6 .... también y mi madre 7 .... Mi madre es la menor de dos hermanos y mi padre es el mayor de cuatro hermanos. El hermano de mi madre se llama 8 ...., y los hermanos de mi padre se llaman 9 ...., 10 .... y 11 .... Tengo una abuela que se llama 12 .... y un abuelo que se llama 13 ....

Roberto

Ruth

Elena

Diego

Juana

Alejandro

Patricia

Guillermo

Bárbara

Alejandro

Rosa

Andrés

Carlos

Maite

b Completa las siguientes frases.

1 Patricia es .... de Andrés.
2 Elena es .... de Carlos.
3 Rosa es .... de Maite.

4 Ruth es .... de Andrés.
5 Maite es .... de Roberto.
6 Juana es .... de Roberto.

3.18. Diseña tu árbol genealógico y describe a tu familia.

....

....

....

....

La ropa

3.19. Escribe el nombre de las siguientes prendas de vestir y complementos con su artículo determinado.

La camiseta

3.20. Cinco de estas frases presentan errores de género. Corrígelos.

a L̶a̶ pantalón es c̶o̶r̶t̶a̶.
El pantalón es corto.

b El traje es grandes.

c Las calcetines son pequeñas.

d Las zapatillas rojas son de Juan.

e Su vestido es muy feo.

f Los camisetas son rojos.

g Vuestras faldas son muy cortas.

h Ana tiene muchos vestidos.

i Los zapatos de Juan son muy pequeñas.

j Su pantalón es negro.

3.21. Clasifica las prendas de ropa y los accesorios según la estación del año. Algunos pueden usarse todo el año.

abrigo ▪ bufanda ▪ bañador ▪ guantes ▪ chanclas ▪ gorra ▪ botas ▪ gorro ▪ sandalias camiseta ▪ gafas de sol ▪ pantalones cortos ▪ biquini ▪ jersey ▪ cazadora ▪ chaquetón zapatillas de deporte ▪ sombrero ▪ gabardina ▪ camisa ▪ vaqueros

otoño-invierno	primavera-verano

3.22. ¿Qué ropa llevan estas personas? Descríbelas.

3.23. Escribe un correo a un amigo extranjero que va a venir a visitarte esta semana y dile qué ropa debe traer.

● ● ●	Mensaje nuevo	
✉ ✆ **De:** [ ]	**Para:** [ ]	**Asunto:** [ ]

GRAMÁTICA

Verbos terminados en *-er* y en *-ir*: presente de indicativo

3.24. Completa la conjugación de estos verbos terminados en *-er*.

	leer	deber
yo		
tú	lees	
él/ella/usted		debe
nosotros/as		
vosotros/as	leéis	
ellos/ellas/ustedes		deben

3.25. Completa la conjugación de estos verbos terminados en *-ir*.

	permitir	abrir
yo	permito	
tú		abres
él/ella/usted		
nosotros/as		
vosotros/as		
ellos/ellas/ustedes		

3.26. Escribe las frases correctamente.

a Luis/en internet/aprender/español. ....

b 6 km/Carmen y Germán/en la playa./correr ....

c el fin de semana./Nosotros/chocolate con churros/comer ....

d con Rosalía./discutir/La madre de Julián ....

e en Londres?/¿Desde/vivir/cuándo/Luis ....

f leer/Cuando/viajo/libros./en autobús ....

3.27. Completa las frases.

a .... (Escribir, nosotros) una redacción sobre las vacaciones.

b Yo .... (beber) un refresco con mis amigos.

c Rebeca .... (meter) los bolígrafos en el estuche.

d ¿.................... (Abrir, tú) la ventana, por favor?

e .... (Leer, nosotros) un libro de poesía.

f Ellos siempre .... (comer) un bocadillo en la escuela.

g Nunca .... (discutir, yo) con mis amigos.

h Los domingos mi familia y yo .... (comer) en casa de mis abuelos.

i Alberto y Nerea .... (vivir) en Madrid.

j ¿Qué .... (beber, vosotros) para cenar?

k En Navidad siempre .... (recibir, tú) postales de tus amigos.

l Andrés .... (aprender) ruso.

Los adjetivos posesivos

3.28. **Completa las siguientes frases con un adjetivo posesivo.**

a Estoy muy contento en ....mi........ casa porque es grande y muy bonita.
b Vivimos en Madrid. .... ciudad es muy grande y ruidosa.
c Ana tiene dos hermanos. .... hermanos son muy guapos.
d Vosotros sois muy altos. .... padres también son muy altos.
e Tú tienes los ojos verdes. .... hermana tiene los ojos negros.
f Él tiene un jersey azul. .... jersey es muy feo.
g Alba vive en un pueblo. .... pueblo es muy bonito.

3.29. **Sustituye las palabras entre paréntesis por un adjetivo posesivo.**

a Mi casa es muy grande. (de Juan) .....Su..... casa es muy pequeña.
b Mi hermano es muy simpático. (de Ana) .... hermano es muy antipático.
c Nuestros amigos son italianos. (de María y Alberto) .... amigos son italianos.
d Mi ciudad es muy bonita. (tú) .... ciudad es muy fea.
e Vuestros exámenes son muy fáciles. (de nosotros) .... exámenes son difíciles.
f Su cazadora tiene muchos colores. (yo) .... cazadora es verde.
g El pelo de mi padre es rizado. (de mi madre) .... pelo es liso.

3.30. **Elige la respuesta correcta.**

a **Mi** / **Nuestras** / **Mis** amigos son muy responsables.
b **Vuestro** / **Sus** / **Vuestra** casa está lejos del centro de la ciudad.
c **Mi** / **Nuestros** / **Tu** vecinos son muy ruidosos por la noche.
d **Su** / **Sus**/ **Nuestro** padres son morenos y altos.

Los adjetivos demostrativos

3.31. **Pon el adjetivo demostrativo correcto según la referencia espacial que se marca.**

aquí	allí	ahí
a .... pantalón vaquero es grande.	b .... botas son muy bonitas.	c .... zapatos son de María.

aquí	ahí
d .... camiseta es muy cara.	e .... falda tiene muchos colores.

3.32. Completa las frases con las palabras del recuadro.

> este ▪ ese ▪ aquellas ▪ estas ▪ aquel ▪ esta

a ¡Mira _____ barco! ¿No lo ves? Es que está muy lejos.

b ¿Ves a _____ chico de ahí, el que está en la otra acera? Es amigo de mi hermano.

c _____ revistas de aquí son mías, pero _____ de allí son de mi hermano.

d _____ fin de semana vamos al campo. ¿Quieres venir con nosotros?

e _____ tarde tengo que estudiar porque mañana tengo un examen muy importante.

3.33. Elige la respuesta correcta.

a **Estos / Esas / Estas** flores de aquí se llaman orquídeas.

b **Aquellas / Esas / Estas** casas de allí son de lujo.

c **Esos / Estos / Esas** pendientes que llevo son bonitos, ¿verdad?

d **Este / Ese / Aquel** grupo de música de ahí es muy malo.

e **Esas / Aquellas / Estas** chicas de ahí, ¿cómo se llaman?

f **Estos / Esos / Aquellos** plátanos de aquí son muy ricos.

 PRONUNCIACIÓN Y ORTOGRAFÍA

Los sonidos /k/ y /θ/

3.34. Escribe *c*, *q* o *z* en las siguientes palabras.

a ....erdo

b ....apato

c ....apatillas

d ....asa

e ....uarto

f ....entro

g ....amisa

h ....inco

i ....uien

j ....uál

k ....ueso

l pe.......ueño

 **CULTURA**

Fiestas en España y en Hispanoamérica

3.35. Responde a las siguientes preguntas.

En España...

a ¿Cómo se llaman las canciones tradicionales de Navidad?

b ¿Cuáles son los dulces típicos de Navidad?

c ¿Qué se come cuando suenan las doce campanadas?

d ¿Cómo se llama la fiesta del 28 de diciembre?

e ¿Qué pasa la noche del 5 de enero?

f ¿Cuál es el dulce típico del 6 de enero?

3.36. Elige la opción correcta.

En Hispanoamérica...

a La Quinceañera es un evento importante en **España / México**.

b Se celebra cuando una joven cumple **quince / cinco** años.

c Es una fiesta donde las familias ahorran **comida / dinero** durante muchos años.

d Muchas familias visitan el parque Chapultepec los **sábados / domingos**.

e El Día de Muertos es una celebración de origen **prehispano / maya**.

 **EVALUACIÓN**

Comprensión de lectura

3.37. Alberto le escribe una postal a su amigo John que está en Londres. Léela y responde verdadero (V) o falso (F).

Madrid, 11 de febrero de 2017

¡Hola, John!

¿Cómo estás? Yo estoy muy bien.

Ahora estoy con Ana y Silvia en la entrada del concierto del *Canto del Loco*, un grupo de música español. Ana es una compañera de clase. Es alta y rubia. Es muy habladora y divertida.

Silvia es la hermana de Raúl. Es baja y morena, es también muy habladora y simpática.

Me acuerdo mucho de ti. Un abrazo y hasta pronto,

Alberto

a ⓋⒻ Alberto está en Barcelona.

b ⓋⒻ Ana es rubia.

c ⓋⒻ Ana es la hermana de Raúl.

d ⓋⒻ Silvia es la compañera de clase de Alberto.

e ⓋⒻ Silvia es baja.

Comprensión auditiva

14 ▶ 3.38. Escucha cómo Fermina describe a su familia y completa el texto.

Me llamo Fermina y os voy a hablar de mi familia. Mi .... se llama Daniel Luis y mi madre Vicenta. Somos tres hermanos. Tengo una .... que se llama Carmen y un .... que se llama Antonio. Mi .... Alfonso es el padre de mi padre y mi abuelo Eusebio es el padre de mi .... Tengo muchos .... Las hermanas de mi padre se llaman María, Elvira y Luisa. Ellas son mis .... Sus hermanos se llaman Antonio y Pedro. Ellos son mis .... Mi madre también tiene hermanas. Mis .... María e Isidora. Tengo muchos ....: Angel, Luisa, Eusebio, Pedro, Soledad, Francisco, Antonio, Elvira y Antonia.

Expresión e interacción escritas

3.39. Has conocido a un/a amigo/a por internet. Envíale un correo y descríbete.

○ ○ ●	Mensaje nuevo	▭
✉ ✉ De:	Para:	Asunto:

Expresión e interacción orales

3.40. Describe tu familia a tu compañero/a.

Unidad

¡TODOS LOS DÍAS LO MISMO!

COMUNICACIÓN

Hablar de acciones habituales

4.1. Observa a Esther y relaciona los verbos con cada dibujo.

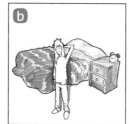

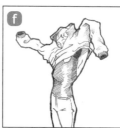

se ducha ▪ se viste ▪ se despierta
se levanta ▪ se acuesta ▪
se lava los dientes

a Se despierta
b ....
c ....
d ....
e ....
f ....

15 **4.2.** **a** Leo cuenta su día a día. Escucha y escribe qué hace a cada hora.

		¿Qué hace?			¿Qué hace?
1	07:15 ➡	despertarse	5	10:00 ➡	
2	07:30 ➡		6	13:30 ➡	
3	08:00 ➡		7	17:00 ➡	
4	08:30 ➡		8	18:00 ➡	

15 **b** Escucha otra vez y responde las preguntas.

1 ¿A qué hora se despierta?.......................
2 ¿Se ducha antes de desayunar?.......................
3 ¿Se ducha por la tarde?.......................
4 ¿Desayuna poco o mucho?.......................
5 ¿Cuántas horas duerme?.......................
6 ¿A qué hora nada en la piscina?.......................
7 ¿Hasta qué hora entrena?.......................
8 ¿Qué come normalmente?.......................
9 ¿Cuánto tiempo corre por las tardes?.......................
10 ¿Con quién y a qué hora va al cine?.......................

4.3. **Completa el siguiente diálogo.**

Camila: Yo los sábados _____ a las once.

Paula: ¡Qué tarde! Yo, en cambio, me levanto a las nueve y voy a jugar al tenis con mi hermano.

Camila: ¿_____ vas a jugar al tenis con tu hermano?

Paula: Normalmente a las doce y media. Y tú, ¿a qué hora estudias durante el fin de semana?

Camila: ¿Estudiar? Yo no _____ durante el fin de semana. Estudio antes de ir al instituto.

Paula: ¿Y a qué hora te levantas durante la semana?

Camila: _____ a las ocho.

Paula: Pero... el instituto empieza a las ocho y media.

Camila: Bueno, a veces estudio por la noche.

Paula: ¿_____?

Camila: Me acuesto a las doce.

Paula: ¿Por qué?

Camila: Es que _____ la televisión hasta las doce.

Paula: Camila, eres muy simpática, pero muy poco estudiosa.

4.4. **Escribe debajo de cada foto una de las siguientes expresiones.**

> levantarse ▪ comer ▪ acostarse ▪ quedar con amigos ▪ escuchar música
> navegar por internet ▪ hacer la compra ▪ ver una película ▪ limpiar la casa

a _____

b _____

c _____

d _____

e _____

f _____

g _____

h _____

i _____

Preguntar y decir la hora

4.5. Escribe en letras las siguientes horas.

a
Son las...

b

c

d

e

f

g

h

i

j

4.6. Añade cinco minutos a cada hora y escribe el resultado.

a 23:15
+ 5 minutos
Son las...

b 12:25
+ 5 minutos

c 16:45
+ 5 minutos

d 18:35
+ 5 minutos

e 21:50
+ 5 minutos

f 23:45
+ 5 minutos

4.7. Escribe las horas debajo del recuadro correspondiente.

a 8:20	d 22:40	g 16:50	j 21:45
b 14:45	e 23:30	h 20:00	k 15:05
c 9:15	f 11:30	i 6:30	

Por la mañana

a. Son las ocho y veinte...

Por la tarde

Por la noche

4.8. Relaciona cada pregunta con dos respuestas.

Preguntas

1 (d) ◯ ¿A qué hora te acuestas normalmente?
2 ◯ ◯ ¿A qué hora te levantas?
3 ◯ ◯ ¿Cómo te vistes?
4 ◯ ◯ ¿Cómo te despiertas?

Respuestas

a Antes de las ocho de la mañana de lunes a viernes.
b Los fines de semana muy tarde porque me acuesto muy tarde.
c Con uniforme de lunes a viernes.
d Muy temprano, porque me levanto a las seis de la mañana.
e Después de las diez los fines de semana.
f Con el despertador.
g Con vaqueros los fines de semana.
h Con la luz del día.

4.9. Relaciona las preguntas con los dibujos. Escribe debajo la respuesta y la hora.

a `07:30`

d `14:30`

b `15:00`

e `08:00` → `22:00`

c `16:00`

f `07:00` → `19:30`

1 ¿A qué hora abre la panadería?
  f. *La panadería abre a las siete.*
  ....

2 ¿A qué hora es la reunión de profesores?
  ....
  ....

3 ¿A qué hora cierra la farmacia?
  ....

4 ¿A qué hora empiezan las noticias?
  ....
  ....

5 ¿A qué hora se levanta Mónica?
  ....

6 ¿A qué hora come Mónica?
  ....
  ....

4.10. Las fotografías muestran a diferentes miembros de la familia Rodríguez. Responde las preguntas sobre su día a día.

Esteban 08:30

Miguel 07:30

Alicia 02:15

Leticia 21:00

Pablo 08:10

Carlos 07:00

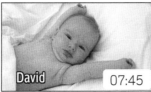
David 07:45

Abuelo 08:00

Emma 19:55

Pedro 19:55

a ¿A qué hora estudia Emma? ....

b ¿Qué hace el abuelo a las ocho? ....

c ¿Cuándo se despierta el tío Carlos? ....

d ¿Qué hace Miguel a las siete y media? ....

e ¿A qué hora se despierta el bebé de la familia? ....

f ¿Qué hace Esteban a las ocho y media? ....

g ¿A qué hora se baña Pedro? ....

h ¿Cuándo come Alicia? ....

i ¿A qué hora cena la tía Leticia los sábados con sus amigos? ....

j ¿Cuándo se peina el primo Pablo? ....

Los días de la semana

4.11. Escribe los días de la semana.

L	M	X	J	V	S	D

4.12. Completa tu horario semanal escribiendo todas tus asignaturas.

	Lunes	Martes	Miércoles	Jueves	Viernes

4.13. Esta es la agenda de Esteban.

Lunes	Martes	Miércoles	Jueves	Viernes	Sábado	Domingo
					8:00 ¡Arriba!	8:00 ¡Arriba!
8:30 Instituto	8:30 Instituto	8:30 Instituto	8:30 Instituto	8:30 Instituto		
					10:00 Fútbol	10:00 Fútbol
15:30 Comida	15:30 Comida	15:30 Comida	15:30 Comida	15:30 Comida	15:30 Comida	15:30 Comida
						16:30 Siesta
17:00 Biblioteca		17:00 Biblioteca		17:00 Biblioteca		
	18:00 Merienda					
			18:30 Dentista			
21:00 Cena	21:00 Cena	21:00 Cena	21:00 Cena	21:00 Cena	21:00 Cena	21:00 Cena
23:30 A la cama	23:30 A la cama	23:30 A la cama	23:30 A la cama			23:30 A la cama
				24:00 A la cama	24:00 A la cama	

a Escribe la forma correcta de los verbos.

1 Esteban .... (empezar) las clases a las ocho y media.

2 .... (Comer, él) a las tres y media.

3 Lunes, miércoles y viernes .... (estudiar, él) en la biblioteca.

4 El martes .... (merendar, él) con Mónica.

5 El jueves .... (visitar, él) al dentista.

6 El fin de semana .... (levantarse, él) a las ocho.

7 El sábado y el domingo .... (jugar, él) al fútbol.

8 El domingo por la tarde .... (dormir, él) la siesta.

9 El viernes y el sábado .... (acostarse, él) a las doce, pero los demás días .... (acostarse, él) a las once y media.

b Fíjate en la agenda de Esteban y completa las frases con las expresiones siguientes. En alguna frase puede haber más de una posibilidad.

De lunes a domingo
Cuando tiene clase
Nunca
Todos los días
Tres días
El jueves por la tarde

1 .... come a las tres y media.

2 .... se acuesta a las once y media.

3 .... estudia en la biblioteca.

4 .... cena a las nueve.

5 .... va al dentista.

6 .... cena a las diez.

Las profesiones

4.14. Relaciona cada profesión con su nombre.

bombero/a ■ médico/a ■ cartero/a ■ cocinero/a ■ camarero/a ■ informático/a

a .... b .... c .... d .... e .... f ....

4.15. Completa las siguientes frases con la actividad que realiza cada profesión.

a El bombero... *apaga fuegos.*

b La médica... ....

c El actor... ....

d El recepcionista... ....

e La cocinera... ....

f El veterinario... ....

g El informático... ....

h La camarera... ....

i El taxista... ....

j La cartera... ....

GRAMÁTICA

Verbos irregulares en presente de indicativo

4.16. Completa la tabla.

E > IE	Yo	Tú	Nosotros/as
cerrar	cierro		cerramos
despertarse			nos despertamos
divertirse	me divierto		
empezar		empiezas	
encender	enciendo		
entender			entendemos
mentir	miento		
querer			queremos
recomendar	recomiendo		
sentir		sientes	

O > UE			
acordarse		te acuerdas	
contar	cuento		
resolver			resolvemos
rogar		ruegas	
soler	suelo		
soñar		sueñas	
volar			volamos
morir		mueres	
probar	pruebo		

E > I			
despedir		despides	
despedirse			nos despedimos
impedir	impido		
repetir		repites	
vestirse	me visto		

4.17. Completa las frases con la forma correcta de los verbos.

a Todas las tardes .... (chatear, yo) con mis amigos.

b Los domingos mi familia y yo .... (comer) a las 15:00h.

c ¿Tú qué .... (desayunar)?

d El instituto .... (abrir) a las 7.30 h.

e ¿A qué hora .... (entrar, vosotros) en el instituto?

f Joaquín y Cecilia .... (vivir) en Barcelona.

g ¿Qué .... (beber, vosotros) para cenar?

h Benedetto .... (correr) todas las mañanas seis kilómetros.

i Mis hermanos y yo .... (ayudar) en casa a mi madre.

j ¡Hoy .... (cenar, nosotros) pizza! ¡Qué buena!

k En verano siempre .... (escribir, yo) postales a mis amigos.

l Kevin .... (estudiar) español todos los días una hora.

4.18. **a Clasifica los infinitivos según su irregularidad vocálica.**

> pedir ▪ dormir ▪ querer ▪ poder
> empezar ▪ volver ▪ reír
> entender ▪ servir

e > ie

o > ue

e > i

b Completa con la forma correcta del verbo.

1 El viernes .... (empezar, nosotros) las vacaciones.
2 ¿.................... (Querer, tú) un refresco?
3 Mi sobrino .... (dormir) dos horas todas las tardes.
4 Siempre me .... (reír, yo) con esa película.
5 .... (Entender, ellas) muy bien a la profesora.
6 ¿A qué hora .... (volver, vosotros) del instituto?
7 Margarita no .... (poder) chatear por la tarde. Hace los deberes.
8 Los camareros .... (servir) el café muy rápido.
9 ¿.................... (Pedir, nosotros) ya la comida?

4.19. **Transforma los verbos y forma frases.**

a ¿(Querer, usted)/un bocadillo/de jamón?
b No/(poder, ellos)/llegar tarde.
c Siempre/(pedir, él)/un bolígrafo/para escribir.
d ¿A qué hora/(empezar, vosotras)/las clases?
e (Dormir, ella)/en una cama/muy cómoda.
f (Entender, ustedes)/muy bien/la gramática.
g ¿(Ser, vosotros)/italianos?
h (Tener, nosotras)/mucha hambre.
i (Despertar, ella)/a su hija/todas las mañanas.
j ¿(Venir, tú)/a la escuela/a pie?
k (Contar, nosotros) un cuento/a nuestro hermano pequeño/todas las noches.
l (Hacer, yo) deporte/a las 8:45 h.

4.20. **Encuentra las formas de los verbos.**

EN	REN	EM	EN	SO	TE
PUE	DES	NE	GO	DE	DO	VE
TRAS	CUEN	HA	TAN	TIEN	MEN
GO	MOS	ZO	VEN	CUEN	QUIE	PI
MOS	DUER	GO	SIR	PIE	SAL

a Entender, usted: *entiende*
b Querer, ellos:
c Poder, tú:
d Pedir, yo:
e Empezar, yo:
f Dormir, ellas:
g Encontrar, tú:
h Servir, él:
i Ser, nosotros:
j Hacer, yo:
k Tener, nosotros:
l Contar, ellos:
m Salir, yo:
n Venir, yo:

Verbos reflexivos

4.21. **a Relaciona los pronombres con la persona a la que corresponden.**

1 me •   • a vosotros/as
2 te •   • b ellos/ellas/ustedes
3 se •   • c yo
4 nos •   • d él/ella/usted
5 os •   • e nosotros/as
6 se •   • f tú

b Completa los cuadros.

	levantarse	despertarse
yo		
tú		
él/ella/usted	se levanta	
nosotros/as		nos despertamos
vosotros/as		
ellos/ellas/ustedes		

	vestirse	acostarse
yo	me visto	
tú		
él/ella/usted		
nosotros/as		
vosotros/as		
ellos/ellas/ustedes		se acuestan

4.22. **Completa las frases con la forma verbal adecuada.**

a Los fines de semana .... (levantarse, yo) a las diez de la mañana.

b Ana .... (levantarse) muy temprano todos los días.

c Mis padres .... (levantarse) a las seis de la mañana.

d .... (Despertarse, tú) con el sonido del despertador.

e .... (Despertarse, nosotros) todos los días a la misma hora.

f Mis abuelos .... (despertarse) muy tarde siempre.

g Mi madre .... (vestirse) muy formal.

h Mis hermanos y yo .... (vestirse) igual.

i Vosotros .... (vestirse) muy bien siempre.

j Tú .... (acostarse) muy tarde.

k Nosotros .... (acostarse) a la misma hora.

l Ellos .... (acostarse) a las once de la noche.

4.23. **Escribe el pronombre correcto.**

a .... peinas con un cepillo negro.

b El domingo .... levanto muy tarde.

c .... baña por la noche.

d Siempre .... vestís con ropa muy formal.

e Todos los días .... despertamos a la misma hora.

f Mis hermanos .... duchan por la mañana.

g ¿A qué hora .... acostáis?

h Siempre .... lavo las manos después de comer.

4.24. **Completa las frases conjugando los verbos entre paréntesis.**

a Los sábados mi hermana .... (acostarse) muy tarde porque va a la discoteca.

b Mi padre normalmente .... (despertarse) muy temprano los domingos.

c ¿A qué hora .... (acostarse, tú) durante la semana?

d .... (Vestirse, vosotros) muy despacio. Vamos a llegar tarde al cine.

e Mi hermano .... (divertirse) mucho los fines de semana.

f .... (Levantarse, ellos) muy pronto para ir al trabajo.

4.25. **Completa con los verbos *quedar* o *quedarse*.**

a Este fin de semana Juan no sale con nosotros. .... en casa porque tiene que estudiar.

b Todos los fines de semana Jaime y yo .... para ir al cine juntos.

c Todos los días yo .... hasta tarde viendo la tele.

d María, ¿............... a las ocho en la puerta del metro? Así vamos juntas a la fiesta.

e ¿Hasta cuándo .... en casa de tus abuelos?

f .... hasta el domingo en casa de mis abuelos.

4.26. **a** **Haz el crucigrama y encuentra el verbo secreto.**

pedir, yo ➡ 1 ☐☐☐☐☐

comer, ellos ➡ 2 c o m e n

hacer, vosotras ➡ 3 ☐☐☐☐☐

peinarse, ella ➡ 4 ☐☐☐☐☐☐

querer, nosotros ➡ 5 ☐☐☐☐☐☐☐

dormir, ustedes ➡ 6 ☐☐☐☐☐

...tirse, nosotras ➡ 7 ☐☐☐☐☐☐☐☐

desayunar, tú ➡ 8 ☐☐☐☐☐☐☐☐

servir, él ➡ 9 ☐☐☐☐☐☐

leer, tú ➡ 10 ☐☐☐

escribir, yo ➡ 11 ☐☐☐☐☐☐☐

c **Ahora clasifica los verbos del crucigrama.**

Regular	Reflexivo

Irregular (1.ª pers. sing.)	e > ie

e > i	o > ue

b **Completa y subraya lo correcto.**

1 El verbo secreto es: ....

2 Es un verbo: *regular/irregular* y *reflexivo/no reflexivo*.

PRONUNCIACIÓN Y ORTOGRAFÍA

La pronunciación de *b* y *v*

4.27. **Escribe *b* o *v* en las siguientes palabras.**

a escri........ir   b ....olver   c ....lusa   d ....rocha   e ama........le   f ....ruto

CULTURA

El sistema educativo español

4.28. **Completa el texto.**

- instituto
- Educación Primaria
- comidas
- ESO
- colegio
- cena
- desayunan

En España, los niños de 6 a 12 años estudian la **a** .... en el **b** .... De los 12 a los 16 años estudian la **c** .... en el **d** ....

Los españoles **e** .... normalmente a las ocho. Después, los padres van a su trabajo y los hijos al instituto. Las **f** .... son entre las dos y las tres y en el trabajo tienen una hora para comer. La **g** .... es entre las nueve y diez de la noche y es cuando está toda la familia reunida.

Comprensión de lectura

4.29. Lee los textos y responde verdadero (V) o falso (F).

Felipe es muy perezoso. Siempre se levanta tarde, a las ocho y media, y entra al instituto a las nueve. Como se levanta tarde, no desayuna nunca durante la semana. Los fines de semana, en cambio, se levanta a las doce y siempre desayuna a las doce y media. Algunas veces limpia su habitación y nunca hace los deberes.

Felipe

Soledad

Soledad es muy estudiosa. Se levanta todos los días a las seis de la mañana, se peina muchas veces durante el día y estudia siempre de lunes a viernes. Los sábados normalmente toca el piano y el violín, y algunas veces va al cine con sus padres. Los domingos nunca se levanta tarde y normalmente hace deporte por la mañana.

a Ⓥ Ⓕ Felipe nunca se levanta temprano.

b Ⓥ Ⓕ Felipe normalmente desayuna muy tarde.

c Ⓥ Ⓕ Los fines de semana Felipe desayuna algunas veces a las 12:30h.

d Ⓥ Ⓕ Felipe nunca limpia su habitación.

e Ⓥ Ⓕ Felipe nunca hace los deberes.

f Ⓥ Ⓕ Soledad siempre se levanta temprano.

g Ⓥ Ⓕ Soledad nunca se peina.

h Ⓥ Ⓕ Los sábados normalmente Soledad toca dos instrumentos musicales.

i Ⓥ Ⓕ Soledad siempre va al cine con sus padres.

j Ⓥ Ⓕ Soledad hace deporte muchos domingos.

Expresión e interacción escritas

4.30. Escribe un texto similar al de la actividad anterior hablando de algún amigo tuyo.

Comprensión auditiva

16 **4.31.** Escucha el diálogo y responde las preguntas.

a ¿A qué hora quedan Leonor y Diana? ....

b ¿Dónde quedan? ....

c ¿Qué película van a ver? ....

d ¿A qué hora empieza la película? ....

e ¿Por qué quedan tan pronto? ....

Expresión e interacción orales

4.32. Y tú, ¿qué haces? Cuéntaselo a tu compañero/a.

a ¿Qué haces el sábado por la mañana?

b ¿Qué haces el sábado por la tarde?

c ¿Qué haces el domingo por la mañana?

d ¿Qué haces el domingo por la tarde?

e ¿Qué haces durante la semana por las tardes?

¿TE GUSTA?

Unidad 5

COMUNICACIÓN

Describir el carácter y el estado de ánimo

5.1. **a** **Completa las palabras para formar adjetivos de carácter y estados de ánimo.**

1 s _ _ p _ t _ c o
2 t _ _ n q _ _ l o
3 _ i _ e r t _ d o
4 _ e r v i _ _ _
5 c o n _ _ _ t o
6 d e _ _ _ l _ h u m _ _
7 _ n _ l i g _ _ t e
8 t r _ _ t e
9 p r e o c u p _ _ o
10 d _ _ b _ _ n _ h u _ _ r
11 a _ e g _
12 t _ a _ _ j _ d _ r

b **Utiliza *ser* y *estar* y escribe al lado si son adjetivos de carácter o de estados de ánimo.**

1 _ser_ simpático. ➡ (carácter)
2 _____ alegre. ➡ ( )
3 _____ de mal humor. ➡ ( )
4 _____ triste. ➡ ( )
5 _____ tranquilo. ➡ ( )
6 _____ preocupado. ➡ ( )
7 _____ nervioso. ➡ ( )
8 _____ trabajador. ➡ ( )
9 _____ divertido. ➡ ( )
10 _____ inteligente. ➡ ( )
11 _____ de buen humor. ➡ ( )
12 _____ contento. ➡ ( )

Pedir en un restaurante

17 **5.2.** **a** **Escucha el diálogo y completa la parte del cliente.**

Camarero: Hola, buenas tardes.
Cliente: ....
Camarero: ¿Qué quiere tomar?
Cliente: ....
Camarero: Sí, claro. De limón, de naranja y de cola.
Cliente: ....
Camarero: ¿Quiere algo de comer?
Cliente: ....
Camarero: De tortilla no tenemos. Tenemos bocadillos de calamares, de jamón y de queso.
Cliente: ....
Camarero: ¿Algo más?
Cliente: ....
Camarero: Son cinco euros.

b **Escribe ahora un diálogo similar. El cliente va a pedir las tres cosas que aparecen en las fotos.**

Camarero: ....
Cliente: ....
Camarero: ....
Cliente: ....
Camarero: ....
Cliente: ....
Camarero: ....
Cliente: ....
Camarero: ....
Cliente: ....
Camarero: ....

5.3. Completa este menú y añade una opción más.

| melón
sopa del día
ensalada
pollo asado
helado
merluza
paella
agua
filete de ternera | |

PRIMER PLATO   SEGUNDO PLATO   BEBIDA POSTRES

a b c VOCABULARIO

Actividades de ocio y tiempo libre

5.4. Completa con los verbos del recuadro.

> jugar ▪ hacer ▪ ir ▪ navegar ▪ tomar

a .... al fútbol
b .... senderismo
c .... un refresco
d .... al gimnasio

e .... por internet
f .... a la playa
g .... al tenis
h .... a caballo

i .... de compras
j .... el sol
k .... a la montaña
l .... al cine

m .... en bicicleta
n .... deporte
ñ .... por el mar
o .... al baloncesto

5.5. ¿A qué imágenes corresponden estos deportes? Atención, sobran siete imágenes.

☐ natación
☐ fútbol
☐ balonmano
☐ ciclismo
☐ baloncesto
☐ patinaje
☐ tenis
☐ atletismo

5.6. Relaciona cada deporte con el lugar en que se practica y con su definición.

Deporte	Lugar	Definición
1 ciclismo 2 natación 3 esquí 4 atletismo 5 baloncesto 6 gimnasia 7 judo 8 tenis	a cancha b gimnasio c pista o estadio d montaña e pista o carretera f cancha o pista g piscina h gimnasio	A Juego entre dos equipos que consiste en introducir una pelota en la canasta del equipo contrario sin utilizar los pies. B Deporte que consiste en nadar lo más rápidamente posible. Hay varios estilos. C Deporte en el que dos personas se pelean sin armas, utilizando las manos y los pies. D Deporte que se juega con una pelota y una raqueta en un campo dividido en dos por una red. E Deporte en el que se corre, se salta, se lanzan determinados objetos... F Deporte que consiste en deslizarse por la nieve a gran velocidad. G Deporte que se practica con una bicicleta. H Deporte en el que se realizan determinados ejercicios físicos.

1	2	3	4	5	6	7	8
☐	☐	☐	☐	☐	☐	☐	☐
☐	☐	☐	☐	☐	☐	☐	☐

Los alimentos

5.7. Escribe el nombre de estos alimentos.

m.........................   u.........................   p.........................   g.........................

z.........................   b.........................   p.........................   a.........................

5.8. a **Lee con atención y encuentra los cinco errores.**

Camarero: Hola, buenos tardes.
José: Buenas tardes.
Camarero: ¿Qué quieren tomáis?
José: Yo una refresco de cola.
Belén: Para mí un refresco de naranja.
Camarero: ¿Quieren algo de comer?
José: Sí, dos pincho de tortilla, por favor.
Camarero: ¿Algo más de comer?
Belén: No, nada más, gracias.
José: ¿Cuánto son?
Camarero: Son 12 euros.

b **Contesta verdadero o falso.**

1 Ⓥ Ⓕ José no saluda al camarero.
2 Ⓥ Ⓕ José toma un refresco de cola.
3 Ⓥ Ⓕ El camarero pregunta si quieren algo de comer.
4 Ⓥ Ⓕ Belén pide un pincho de tortilla.
5 Ⓥ Ⓕ Comen postre.
6 Ⓥ Ⓕ Pagan doce euros.

c **Justifica las respuestas falsas.**

1 ....
2 ....
3 ....

5.9. a **Localiza el intruso.**

Primer plato	Segundo plato	Postre
refresco sopa paella ensalada	filete de ternera pollo asado merluza sopa del día	helado ensalada fruta tarta

Frutas	Comidas no saludables
naranjas manzanas garbanzos peras	hamburguesa pescado patatas fritas palomitas

b **Completa los siguientes alimentos y comidas con las vocales que faltan.**

h	u	e	v	o	s		
p		m			n	t	s
g		m	b		s		
t		m		t		s	
c		b		l	l		s
z		n		h		r	i	s
g		r	b		n	z		s
q		e	s				
p		s	c		d		
l		c	h				

GRAMÁTICA

Los pronombres de objeto indirecto + *gustar, encantar*

5.10. **Relaciona los pronombres con la persona a la que se refieren.**

- a   a nosotras
- b   a ti
- c   a ellos
1 me
- d   a nosotros
2 te
- e   a vosotros
3 le
- f   a usted
4 nos
- g   a vosotras
5 os
- h   a ustedes
6 les
- i   a ella
- j   a ellas
- k   a mí
- l   a él

5.11. **Escribe los pronombres correctos.**

a ▶ ¿.......... (A ti) gusta la fruta?
  ▷ Sí, ... encanta.
b ▶ ¿.......... (A vosotros) gustan las Matemáticas?
  ▷ No, no .... gustan.
c A Paula y a mí .... encanta el cine.
d .... (A mí) gusta cenar pronto.
e A Julián no .... gusta ir a pasear.
f A mis hermanos .... encanta tomar el sol.
g ¿.......... (A usted) gusta levantarse tarde?
h .... (A mí) encantan las películas de ciencia ficción.

5.12. **Completa las frases con las formas *gusta/gustan* y *encanta/encantan*.**

Usamos las formas .... y .... + infinitivo o un nombre singular.

Usamos las formas .... y .... + nombre plural.

5.13. **Completa las frases con la forma verbal adecuada.**

a A Rebeca le .... (gustar) estudiar Matemáticas.
b A mí me .... (encantar) navegar por internet.
c ¿Te .... (gustar) las tapas?
d A Jorge y a Manuel les .... (encantar) ir a conciertos.
e A Kevin y a mí nos .... (gustar) muchísimo hablar.
f ¿Os .... (gustar) la fruta?
g No te .... (gustar) las manzanas.
h A mis padres les .... (encantar) los paseos por el parque.

5.14. Completa las frases con la forma verbal adecuada. Recuerda los pronombres.

a .... (A mí, gustar) muchísimo las fotos del viaje.
b A mi hermano .... (gustar) cocinar paella los domingos.
c A Marta y a Luisa .... (encantar) los perros.
d ¿................................ (A ti, gustar) la última película de Penélope Cruz?
e A mis amigos y a mí .... (encantar) ir a la playa.
f ¿................................ (A vosotras, gustar) hablar por teléfono?
g .... (A mí, encantar) hacer crucigramas.
h A Jesús .... (encantar) leer libros de aventuras.

5.15. Escribe la forma adecuada de los verbos *gustar* o *encantar*.

a (Yo) .... mucho montar en bici.
b (Nosotros) .... la tortilla de patata.
c No (vosotros) .... estudiar.
d No (tú) .... los aviones.
e (Yo) .... muchísimo los libros de ciencia ficción.

5.16. Estos son Carolina y Francis. Fíjate en los dibujos y escribe frases como en el ejemplo. Utiliza los verbos *gustar* y *encantar*, y las siguientes palabras y expresiones.

> viajar en tren ▪ el baloncesto ▪ los gatos ▪ las chuches ▪ los helados ▪ los huevos fritos
> conectarse a internet ▪ la playa ▪ pintar ▪ despertarse pronto

huevos fritos

chuches

tren

despertarse pronto

playa

baloncesto

gatos

pintar

internet

helados

Carolina

A Carolina no le gustan los huevos fritos,

Francis

5.17. **Ordena las siguientes frases.**

a Moisés / a / y / nos / cine. / el / A / mí / gusta
A Moisés y a mí nos gusta el cine.

b nos / gusta / la / italiana. / nosotros / A / pasta

c mis / les / piscina. / ir / A / hermanos / gusta / la / a

d encanta / A / ti / te / hablar / teléfono. / por

e A / la / mí / televisión / gusta / me / no / ver

f mis / les / correos / amigos / encanta / escribir / A / electrónicos.

5.18. **Localiza los errores en cada frase y corrígelos.**

a A María me gusta estudiar en la biblioteca.
A María le gusta estudiar en la biblioteca.

b Juan, ¿os gusta bailar?

c A vosotras nos gusta hablar mucho.

d A mis hermanos le encanta viajar al extranjero.

e A mí no te gusta comer paella.

f Susana, ¿me gusta pasear?

g A Fernando y a ti te gusta ver documentales de animales.

h A Linda no le gusta las medicinas.

5.19. **Relaciona.**

Columna A	Columna B
1 ¡Mmmm! Estos bombones están buenísimos. •	• a Le gusta muchísimo leer.
2 ¡Odio este perro! Siempre está ladrando. •	• b Le encanta el cine.
3 ¡Este libro es genial! Tienes que leerlo. •	• c Le gusta mucho la fruta.
4 ¡La película es muy buena! •	• d No le gusta levantarse temprano.
5 Estos zapatos nuevos son horribles. •	• e Le encanta el chocolate.
6 ¡Qué ricas están estas manzanas! •	• f Le gusta muchísimo hacer deporte.
7 ¡Qué sueño! Quiero dormir más. •	• g No le gustan los zapatos.
8 Me encanta esquiar y jugar al fútbol. •	• h No le gustan los animales.

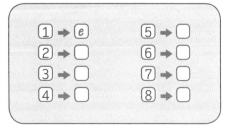

1 → e   5 → ☐
2 → ☐   6 → ☐
3 → ☐   7 → ☐
4 → ☐   8 → ☐

5.20. **Forma frases con los elementos. No olvides conjugar los verbos.**

a A Marta / no / gustar / estudiar.

b A mí / gustar / novelas.

c A ellos / no / gustar / ver / la televisión.

d A ti / gustar / mucho / ir / al cine.

e A mi hermano / gusta / mucho / la pasta.

f A Sara / y / a mí / no / gustar / limpiar.

Expresar acuerdo y desacuerdo

5.21. **Relaciona.**

1 Me gusta muchísimo escuchar música.

2 No me gustan los garbanzos.

3 No me gusta montar en bicicleta.

4 Me encanta ver la tele.

a A mí, sí.

b A mí, tampoco.

c A mí, no.

d A mí, también.

5.22. **Reacciona a las siguientes afirmaciones.**

a A David le encanta salir de excursión.
(Acuerdo) ➜ A mí, también.

b A Benjamín no le gusta ir al cine.
(Desacuerdo) ➜

c A Encarna y a mí nos encanta salir con los amigos.
(Acuerdo) ➜

d A Natalia no le gusta jugar al ajedrez.
(Acuerdo) ➜

e Me encantan las películas de ciencia ficción.
(Desacuerdo) ➜

f A mis padres les gusta mucho la fruta.
(Acuerdo) ➜

g A Rosa le encantan las naranjas.
(Desacuerdo) ➜

h A vosotros os gusta muchísimo chatear con los amigos. (Acuerdo) ➜

i A mí no me gusta la sopa.
(Acuerdo) ➜

j A Pablo no le gusta limpiar su habitación.
(Acuerdo) ➜

5.23. Observa los emoticonos. Completa los diálogos.

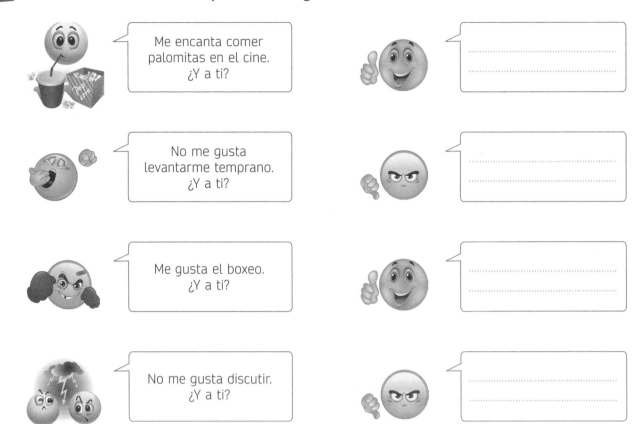

Me encanta comer palomitas en el cine. ¿Y a ti?

....
....

No me gusta levantarme temprano. ¿Y a ti?

....
....

Me gusta el boxeo. ¿Y a ti?

....
....

No me gusta discutir. ¿Y a ti?

....
....

El verbo *doler*

5.24. ¿Dónde están las vocales?

c□ b□ z□

d□ d□

s p□ l d□

p□ c h□

b r□ z□

t□ r□ p□

m□ n□ s

c□ l□

p□ r n□   p□ s□

r□ d□ l l□

5.25. Completa con los pronombres de objeto indirecto.

a Voy a tomar una aspirina porque .... duele la cabeza.

b Benedetto no hace deporte porque .... duelen las rodillas.

c Cuando montamos en bicicleta .... duelen las piernas.

d A mi padre .... duele la espalda.

e Si coméis mucho chocolate, luego .... duele la tripa.

f Estos zapatos son nuevos y por eso (a mí) .... duelen los pies.

g ¿(A ti) .... duele el pecho? Llama al médico.

5.26. Forma frases correctas como en el ejemplo usando el verbo *doler*.

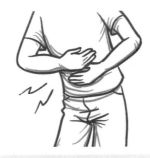

a A Lorena y a ti *os duelen los pies.*

b A nosotros ....

c A Carlos ....

d Al profesor ....

e A Berta y a Cecilia ....

f A ustedes ....

g A ti ....

h A mí ....

 PRONUNCIACIÓN y ORTOGRAFÍA

Los sonidos /r/ y /rr/

5.27. Completa con *r* o *rr*.

a No me gusta nada i....... al cine.

b Me encantan los pe.......os.

c Os gustan muchísimo los lib.......os de aventu.......as.

d No te gusta el a.......oz.

e A María le gusta navega....... po....... inte.......net.

f Me gusta mucho juga .... al baloncesto y co.......er.

 **CULTURA**

La comida en España e Hispanoamérica

5.28. Contesta verdadero (V) o falso (F).

a (V) (F) En la comida española solo hay carnes y legumbres.

b (V) (F) El cocido es un plato solo de garbanzos.

c (V) (F) El gazpacho es una sopa caliente típica de Andalucía.

d (V) (F) Las tapas son platos grandes de comida.

e (V) (F) El origen del las tapas es una costumbre muy reciente.

f (V) (F) Colombia es el tercer productor de arepas mundial.

g (V) (F) El café llega a Colombia en el siglo XVIII.

h (V) (F) La ciudad de Panamá es una de las ocho ciudades más caras del mundo.

i (V) (F) Las arepas son un plato típico de Colombia y Venezuela.

j (V) (F) Las arepas se pueden rellenar con queso, carne o huevos.

Comprensión de lectura

5.29. **a Lee el texto.**

Esteban, Carmen y Marco son amigos y van juntos al instituto. A los tres les encanta salir los fines de semana, pero no les gustan las mismas cosas.

A Esteban en su tiempo libre le gusta muchísimo bailar. También le encantan los bocadillos, sobre todo los de tortilla de patatas.

A Carmen le gustan más las tapas y le gusta ir al cine los domingos por la tarde.

Marco es del Barça y le encanta jugar al fútbol. Su comida favorita es la pizza.

A los tres les gusta bastante estudiar. A Carmen no le gusta el Inglés, en cambio a Esteban le encanta. Carmen prefiere estudiar Ciencias y a Marco le gusta mucho la Historia.

b Completa el cuadro con la información anterior.

¿Quién?	Tiempo libre	Asignatura	Comida
Esteban			
	El cine		

Comprensión auditiva

18 **5.30.** **Escucha y completa los planes de esta familia para el fin de semana.**

Padre: ¿Qué .... este fin de semana?

Hijo: Yo .... ir al parque de atracciones.

Hija: Pues yo .... ir de excursión. .... los parques de atracciones.

Madre: ¿........................... vamos a visitar a la tía Margarita? Hace mucho tiempo que no la vemos.

Los dos hijos: ¡¡¡¡Noooo!!! ¡¡¡¡Otra vez a casa de la tía Margarita noooo!!!

Padre: A mí tampoco me gusta esa idea.

Madre: ¡Pero bueno! No está bien hablar así de la tía Margarita. ¡Pues el domingo vamos a ir a .... todos a casa de la tía!

Hijo: Está bien, pero .... pronto a casa porque quiero ver el partido del Barça-Madrid.

Hija: Bua... pues vaya domingo... ¡Qué rollo! Pues el sábado tenemos que hacer algo divertido. Yo .... a escalar o a montar en bicicleta.

Padre: ¡Eso es buena idea! Me encantan las dos cosas.

Madre: Sí, bueno... ir en bicicleta es divertido, pero escalar a mí no me gusta.

Hijo: Sí, yo también .... a montar en bicicleta.

Hija: Entonces, el sábado vamos a la montaña, que me gusta a mí, a montar en bicicleta que .... a todos y el domingo a casa de la tía, que le gusta a mamá.

Hijo: Vale, pero a las 20:00h en casa, que hay que ver el partido.

Todos: ¡Que síííííí...!

Expresión e interacción escritas

5.31. **Este es tu perfil de la red social de Caralibro. Complétalo.**

Usuario | Contraseña

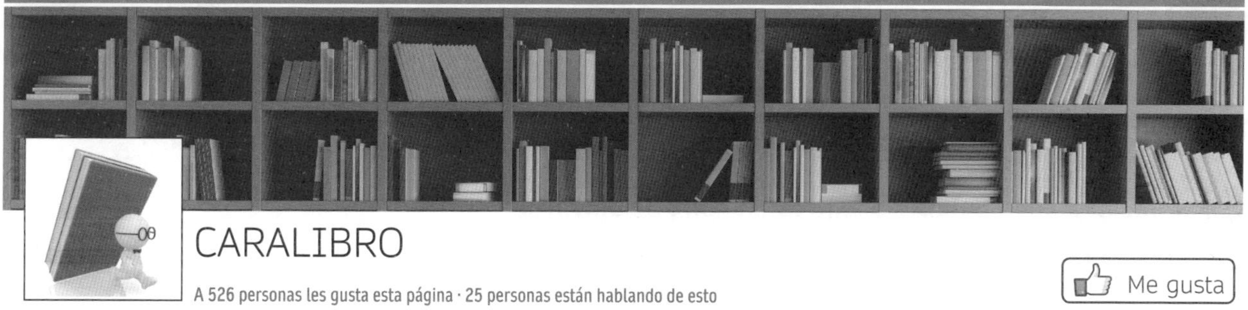

CARALIBRO

A 526 personas les gusta esta página · 25 personas están hablando de esto

Me gusta

ESTADO

Ahora estoy... .... Nunca estoy... ....

Personalidad

Soy muy... ....

Soy bastante... ....

No soy... ....

Deportes

Me gusta ....

....

No me gusta ....

....

Música

Me gusta ....

....

No me gusta ....

....

Películas

Me gusta ....

....

No me gusta ....

....

Me presento

Hola, me llamo... ....

Soy una persona... ....

No soy... ....

Mi color favorito... ....

Hoy estoy bastante... ....

porque... ....

....

Expresión e interacción orales

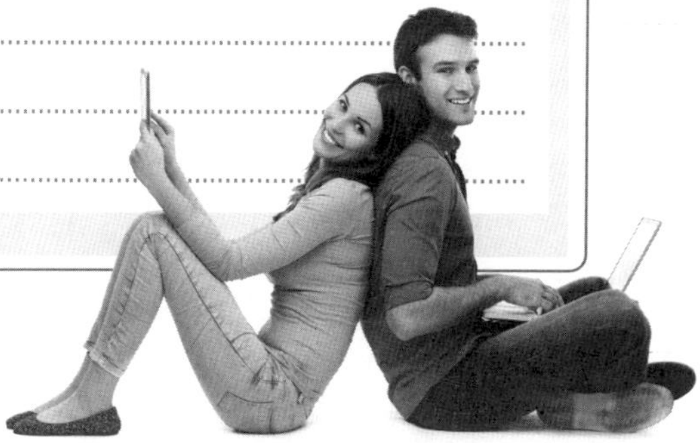

5.32. **Recomienda a tus compañeros algunas actividades para hacer el próximo fin de semana.**

Unidad 6

VAMOS DE VIAJE

COMUNICACIÓN

Pedir y dar información espacial

6.1. Relaciona cada palabra o expresión con su contrario.

1 delante • • a a la derecha
2 dentro • • b detrás
3 a la izquierda • • c debajo
4 cerca • • d fuera
5 encima • • e lejos

6.2. Observa la imagen y completa las frases con las siguientes palabras.

> encima ■ al lado ■ lejos ■ delante
> debajo ■ a la izquierda

a El armario está .... del escritorio.

b La maleta está .... de la cama.

c La silla está .... del escritorio.

d El ordenador está .... del escritorio.

e El escritorio está .... del armario.

f La mesita de noche está .... del escritorio.

Preguntar y decir la existencia/localización

6.3. Completa con las palabras del recuadro.

> está ■ diccionario ■ puerta ■ calle
> están ■ ~~encima~~ ■ hay

a El ordenador está *encima* de la mesa.

b Las sillas están cerca de la ....

c .... un alumno fuera de la clase.

d En la .... España hay un cibercafé.

e El laboratorio .... en el primer piso.

f Las gafas de Amalia .... en la mesita.

g El .... está en la estantería.

6.4. Completa el texto con *hay/está/están*.

Rafael y sus compañeros tienen una clase nueva. En su clase .... muchas sillas y mesas para los alumnos y .... una mesa grande para el profesor. La mesa del profesor .... delante de los alumnos. .... una pizarra blanca, ... detrás del profesor.

También .... una papelera. La papelera .... debajo de la mesa del profesor.

Las estanterías para los libros .... al fondo de la clase.

6.5. Observa el dibujo y contesta las preguntas. Puede haber más de una posibilidad.

a ¿Dónde está el despertador?

b ¿Dónde está la ventana?

c ¿Dónde están los bolígrafos?

d ¿Dónde está la alfombra?

e ¿Dónde está el teléfono?

f ¿Dónde está el equipo de música?

g ¿Dónde están los libros?

h ¿Dónde está la almohada?

i ¿Dónde está el ordenador?

j ¿Dónde está la mochila?

6.6. **a** Lee el texto y contesta verdadero (V) o falso (F).

El próximo fin de semana voy a casa de mi amiga Eva. Su casa es grande y está en un lugar muy tranquilo. Cuando entro hay un recibidor pequeño con un armario. La casa tiene tres habitaciones; una de las habitaciones es un despacho, en el despacho hay una estantería con muchos libros y una mesa para el ordenador. También hay un pasillo, a la izquierda del pasillo está la cocina y a la derecha hay un baño. El salón comedor es amplio y luminoso porque hay una ventana grande. Hay un sofá blanco y grande, y una mesa con cuatro sillas alrededor. Enfrente del sofá hay un mueble para la televisión y un equipo de música. Lo que más me gusta es el balcón, tiene plantas, flores y una bicicleta y, además, desde el balcón veo toda la ciudad.

1 En la casa de Eva hay tres habitaciones. V F
2 Hay un recibidor y un pasillo. V F
3 La cocina está a la derecha del pasillo. V F
4 El sofá es azul y pequeño. V F
5 Los libros están en la estantería del salón. V F
6 Desde el balcón puedo ver la ciudad. V F

b Contesta las preguntas.

1 ¿Cómo es la casa de Eva?

2 ¿Dónde está la casa de Eva?

3 ¿Cómo es el recibidor?

4 ¿Qué hay en el despacho?

5 ¿Dónde está el baño?

6 ¿Cómo es el salón comedor?

7 ¿Cómo es el sofá?

8 ¿Qué hay enfrente del sofá?

9 ¿Qué hay en el balcón?

6.7. Corrige los errores en las siguientes frases.

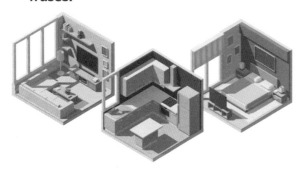

a En mi casa están tres habitaciones.

b ¿Dónde hay la parada de metro más cercana?

c En el salón está un sofá y también están dos sillones.

d En mi casa no está ningún jardín, pero sí están una terraza y un balcón.

e ¿En tu casa hay garaje?

6.8. Completa el texto con *hay*, *está* o *están*.

Mi barrio .... en el centro de Madrid y por eso .... cerca de todos los sitios.

En mi barrio .... escuelas, hospitales, tiendas,... ¡Ah!, y también .... un parque muy grande. Mi casa .... muy cerca del parque. Los domingos siempre .... mucha gente, así que yo prefiero ir entre semana porque solo .... las personas mayores y los niños.

a^b_c VOCABULARIO

Los medios de transporte

6.9. Escribe el nombre de los siguientes medios de transporte con el artículo *la* o *el*.

a ....

b ....

c ....

d ....

e ....

f ....

g ....

h ....

i ....

6.10. Escribe al lado de cada definición el nombre de seis de los medios de transporte del apartado anterior.

a La motocicleta ....: solo pueden ir dos personas. En invierno tienes frío porque no tiene puertas:

b ....: es muy práctico para llegar rápido a todas partes. Lo conduce otra persona. Todos tienen el mismo color en una ciudad.

c ....: es muy grande y tiene muchas ventanas. Pueden viajar muchas personas que no se conocen y hace muchas paradas.

d ....: se parece al tren y va por debajo del suelo. Solo está en las grandes ciudades.

e ....: va por el mar o por grandes ríos.

f ....: vuela muy alto y rápido. Algunas personas tienen miedo de viajar en este medio de transporte.

6.11. Alberto y sus amigos hablan de los medios de transporte. Relaciona las frases con los siguientes adjetivos.

> barato ▪ ~~caro~~ ▪ ecológico ▪ rápido ▪ lento

Alberto	María	Jaime	Elena	Raúl
a Nunca viajo en avión porque cuesta mucho dinero.	**b** Voy al colegio en bicicleta porque no contamina.	**c** El viaje en barco de Barcelona a Mallorca es muy largo. ¡Son ocho horas!	**d** Viajar en moto es mejor que viajar en coche. Llegas antes.	**e** El billete de metro en Madrid solo cuesta 1,5 euros.
↓	↓	↓	↓	↓
caro				

6.12. Relaciona las dos columnas formando antónimos.

1 caro •   • a sucio
2 ecológico •   • b aburrido
3 rápido •   • c lento
4 divertido •   • d barato
5 limpio •   • e contaminante

6.13. Las siguientes palabras están formadas por un medio de transporte, dos verbos, un adjetivo y una palabra que expresa dirección. Complétalas con la letra adecuada.

a N ___ E ___ T ___ R ➡ (*verbo*)
b A ___ O Ú ___ ➡ ( )
c ___ R F ___ I ___ ➡ ( )
d R ___ I ___ O ➡ ( )
e ___ Z U ___ E ___ A ➡ ( )

La ciudad

6.14. ¿Qué palabras corresponden a las siguientes definiciones?

a _____Parque_____: es un lugar público. Hay muchos árboles y flores.
b _____: hay muchos libros y se puede estudiar.
c _____: es una tienda para comprar zapatos.
d _____: es una tienda para comprar medicinas.
e _____: tienda para comprar alimentos.
f _____: lugar para mejorar tu cuerpo y hacer gimnasia.
g _____: hay muchos cuadros de pintores famosos.

6.15. Completa las siguientes frases con las expresiones o palabras del recuadro.

> al final de la calle ▪ podemos ▪ necesito ▪ cruzas ▪ a la derecha ▪ está ▪ es
> el metro ▪ por favor ▪ mi casa

a Coges la primera calle ....*a la derecha*.........

b .... hay un parque muy grande.

c .... usted muy amable.

d ¿Cómo .... llegar a la biblioteca, ...?

e En Plaza de España coges .... y en dos minutos estás en ....

f .... ir al supermercado.

g .... el parque y allí .... la escuela.

6.16. Este fin de semana Alberto tiene mucho tiempo libre y quiere visitar a sus amigos. Los llama por teléfono y ellos le dicen la dirección. Escribe debajo de cada diálogo la dirección con su abreviatura.

Alberto: ¿Dónde vives María?
María: Vivo en la calle García Lorca, número dieciséis, tercero A.

a *C/ García Lorca n.º 16, 3.º A.*

Alberto: ¿Cuál es tu dirección?
Jaime: Mi dirección es Avenida Paella, número veinte, décimo C.

b ....

Alberto: Dime tu dirección, por favor.
Elena: Plaza del Real Madrid, número quince, sexto derecha.

c ....

Alberto: ¿Y tú, Raúl? ¿Dónde vives?
Raúl: Pues yo vivo en Paseo Rafael Nadal, número dieciocho, noveno izquierda.

d ....

6.17. Vamos a repasar el vocabulario de esta unidad. Señala el género al lado de cada palabra; (f) femenino y (m) masculino.

a (f) casa   f ☐ avión   k ☐ moto   o ☐ diccionario
b ☐ cine   g ☐ colegio   l ☐ billete   p ☐ regalo
c ☐ escuela   h ☐ playa   m ☐ película   q ☐ persona
d ☐ concierto   i ☐ coche   n ☐ noche   r ☐ teléfono
e ☐ semana   j ☐ dinero   ñ ☐ ordenador   s ☐ libro

6.18. **Localiza el intruso y justifica tu elección.**

a Necesitar, querer, ser, ~~moto~~ estar.
  No es un verbo, es un nombre.

b Bicicleta, moto, coche, autobús, taxi.

c Escuela, casa, diccionario, persona, semana.

d Avenida, 1.º, 3.º A, n.º, c/.

e Caro, barato, lento, ecológico, ir.

f Necesitamos, preferimos, podéis, cogemos, queremos.

GRAMÁTICA

Verbos irregulares en presente de indicativo

6.19. **Completa el cuadro con la forma adecuada del presente del verbo *ir*.**

	ir
yo	
tú	vas
él/ella/usted	
nosotros/as	
vosotros/as	
ellos/ellas/ustedes	

6.20. **Completa las frases con la forma adecuada del presente del verbo *ir*.**

a Yo .... a casa en autobús.
b Tú .... a Madrid una vez al año.
c Marta .... al cine todos los fines de semana.
d Nosotros .... a la escuela en bicicleta.
e Vosotros .... a Roma la próxima semana.
f Ellos .... al concierto de Estopa esta noche.

6.21. **Alberto escribe en su cuaderno cinco frases con *ir* + *a/en*. Localiza las frases con errores y corrígelos.**

a Esta semana voy ~~en~~ Sevilla.
  Esta semana voy a Sevilla.

b Mis padres van al trabajo en moto. Son muy modernos.

c Mis hermanos y yo vamos a casa de mis abuelos todos los domingos.

d Ricardo no va nunca a avión. Tiene miedo.

e Vosotros vais en barco a Mallorca. ¡Qué divertido!

f ¿Vas en pie a la escuela? ¡Si está muy lejos de tu casa!

6.22. **El presente del verbo *ir* está mal conjugado. Localiza los errores y corrígelos.**

a Yo vas al cine en verano.➡ voy
b Tú voy a casa de tus abuelos por las tardes.➡
c Alba vamos a la escuela en metro.➡
d Nosotros vais a la playa en verano.➡
e Vosotros vamos al concierto esta noche.➡
f Ellos nunca vas al supermercado.➡

6.23. Completa el cuadro con las formas correspondientes del presente.

	conocer	coger	seguir	jugar	ir
yo		cojo			
tú	conoces				
él/ella/usted				juega	
nosotros/as			seguimos		
vosotros/as					
ellos/ellas/ustedes					van

6.24. Busca en la sopa de letras las siguientes formas de presente.

S	A	J	S	U	G	S	E	Z
V	R	O	E	R	E	M	L	G
A	L	H	G	A	C	O	J	O
S	I	J	U	E	G	A	F	D
Q	B	A	I	N	C	I	A	O
P	E	L	M	T	A	C	H	U
D	O	C	O	N	O	Z	C	O
T	A	T	S	J	E	R	A	N
H	E	R	A	C	A	Ñ	O	B

a 1.ª persona singular del verbo *conocer*:

....

b 1.ª persona del plural del verbo *seguir*:

....

c 1.ª persona singular del verbo *coger*:

....

d 3.ª persona singular del verbo *jugar*:

....

e 2.ª persona singular del verbo *ir*:

....

6.25. Localiza los errores en las siguientes formas verbales de presente y corrígelos.

a No conozo a nadie de Venezuela.

conozo ➡ conozco

b Cuando voi a Chile visito a mis amigos.

⬚ ➡ ⬚

c Para llegar a la Puerta del Sol sige todo recto.

⬚ ➡ ⬚

d Pedro coje muchos taxis para ir a su trabajo.

⬚ ➡ ⬚

e Jaime juga al fútbol todos los fines de semana.

⬚ ➡ ⬚

f ¿Vosotros vas a venir a visitarnos?

⬚ ➡ ⬚

g Juanito conozco a mucha gente en Madrid.

⬚ ➡ ⬚

h Si siguo todo recto llego hasta la Plaza Mayor.

⬚ ➡ ⬚

i Mis amigos y yo juegamos mucho al Trivial.

⬚ ➡ ⬚

6.26. Ahora completa con las formas adecuadas de los verbos *coger* o *seguir*.

a Ana y Alberto .... un taxi todos los días para ir a la escuela.

b .... (yo) el metro y después .... (yo) cinco minutos a pie.

c .... (vosotros) el avión, después .... (vosotros) el metro para ir a la estación de tren y finalmente .... (vosotros) diez minutos a pie.

d .... (tú) todo recto, giras a la derecha y .... (tú) la línea roja del metro.

e Giramos a la derecha, ... (nosotros) andando media hora y .... (nosotros) el autobús n.º 63.

6.27. Alberto quiere ir al cine *Lo mejor* y le pregunta a un señor.

a **Completa el diálogo con la forma correcta del verbo en presente. Piensa que se trata de una situación informal.**

> **Alberto:** Quería ir al cine *Lo mejor*. ¿Cómo .... (poder) llegar, por favor?
>
> **Señor:** ¡Es muy fácil! .... (Seguir) recto hasta la estación de tren y .... (girar) a la derecha.
>
> **Alberto:** ¡Vale! .... (Girar) a la derecha. Allí hay un hotel, ¿no?
>
> **Señor:** Sí, pero tienes que pasarlo y .... (seguir) todo recto hasta el final de la calle.
>
> **Alberto:** De acuerdo. Entonces, ¿............................ (coger) el autobús?
>
> **Señor:** No, no .... (necesitar) coger el autobús porque está a cinco minutos a pie. Al final de la calle .... (haber) un parque muy pequeño. .... (Girar) a la izquierda y al final .... (estar) el cine *Lo mejor*.
>
> **Alberto:** Muchas gracias, señor. .... (Ser) usted muy amable.

b **Alberto no entiende bien las instrucciones del señor. Fíjate bien en el mapa y señala el itinerario que debe seguir para llegar al cine.**

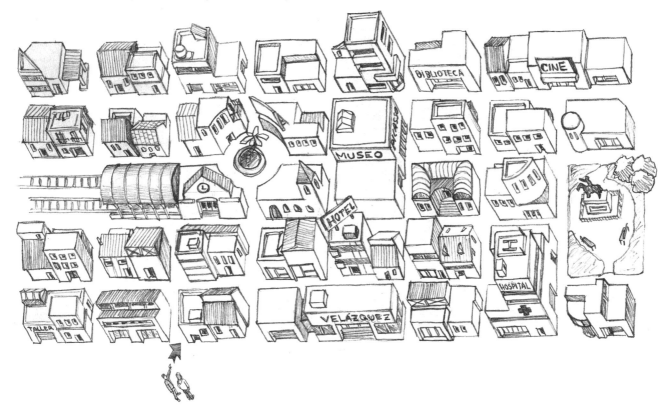

Las preposiciones de lugar *a*, *en* y *de*

6.28. Señala si las preposiciones *a* y *en* indican dirección, medio de transporte o lugar.

a Ellos siempre van a casa en coche.

| dirección | medio de transporte |

c Mis primos viven en Florencia.

b Ana está en su casa.

d Juan y Alberto viajan en barco a Mallorca.

>>>

e Mis padres van a la playa en bicicleta.

f Ana vive en Ronda y viaja todos los días a Málaga en autobús.

6.29. **Corrige las preposiciones en las siguientes frases.**

a Quiero ir a vacaciones de Granada.

....

b ¿Vienes en mi casa esta tarde?

....

c Me gusta mucho ir a tren, pero podemos ir en pie, está cerca.

....

d Estoy muy cansado porque vengo al gimnasio.

....

e Este verano vamos en la costa de Andalucía.

....

Granada

---

19 **6.30.** **Completa el diálogo. Después, escucha y comprueba tu respuesta.**

Tenemos que visitar .... Manuel, está enfermo .... casa. Si vas .... coche, puedes venir antes .... mi casa y así vamos juntas.

Imposible, tengo que traer .... los niños .... la escuela a casa. Pero puedes ir con Mario, él también va y sale antes que yo.

María   Carmen

Adverbios de cantidad

6.31. **a** **Escribe las letras que faltan para formar adverbios de cantidad.**

1 b .... e
2 m .... o
3 p .... o
4 d ....

b **Relaciona las tres columnas y forma frases. Puede haber más de una posibilidad.**

		dulces y tiene muy buena salud.
Elisa come	demasiado	sed.
Hace	pocos	calor en esta habitación.
Amelia come	muy poco	y está un poco gorda.
Tengo	mucha	
Raquel estudia	mucho	y tiene problemas en el instituto.

Muy/Mucho

6.32. Completa el texto utilizando *muy* o *mucho/a/os/as*.

Esta semana estoy .... cansada porque tengo .... trabajo. En mi oficina hay .... gente, pero yo soy el que más trabajo. Tengo .... papeles encima de la mesa y .... cosas que hacer en el banco.

En mi casa, que es .... bonita, hay .... muebles y tengo un perro .... simpatico pero que ensucia ....

PRONUNCIACIÓN Y ORTOGRAFÍA

Los sonidos /x/ y /g/

6.33. Escribe colocando *g* o *j* en su lugar correspondiente.

a Es bueno se...........uir los buenos conse...........os.

b Me ....usta ....ugar al a...........edrez.

c Este relo........... es de una de las me...........ores relo...........erías.

d La ....itana de o...........os verdes tiene un ....ato.

CULTURA

El transporte en España y en Hispanoamérica

6.34. Lee el texto y elige la opción correcta.

- En España todas las ciudades están conectadas entre sí con muchos **medios de transporte** / **medios de comunicación** como aviones, autobuses, trenes normales y trenes de alta velocidad.

- España tiene **estaciones** / **aeropuertos** importantes como el de Barajas (Madrid) o El Prat (Barcelona).

- Las grandes ciudades tienen un tipo de transporte de **trenes** / **coches** que se llama Cercanías.

- El transporte colectivo en el D.F. es bastante **económico** / **caro**.

- En México D.F. los menores de 5 años y los mayores de 60 viajan **acompañados** / **gratis**.

- En Cuba hay pocos coches **viejos** / **nuevos** porque la ley no permite la importación.

 **EVALUACIÓN**

Comprensión de lectura

6.35. Fíjate en estas personas que quieren ir de vacaciones a México. Lee estos destinos. ¿Cuál crees que es el destino ideal según sus características?

Nos encanta la aventura y la naturaleza. Siempre vamos de vacaciones a lugares con muchos árboles, flores, ríos y lagos **1**

Jesús y Belén

Prefiero visitar ciudades y lugares donde puedo aprender sobre la historia y la cultura de esa región. **2**

Macarena

A mí me encanta tomar el sol y descansar. **3**

Daniela

Estamos muy enamorados y queremos un lugar especial y romántico. **4**

Enrique y Marta

Para las vacaciones... ¡elige tu destino favorito!

 a

 b

 c

 d

Teotihuacan es una zona arqueológica a 40 kilómetros de la Capital. Tiene muchos restos arqueológicos y puedes aprender mucho sobre la antigua historia de México. Hay edificios estupendos como las pirámides del Sol y la Luna.

Guanajuato es un lugar romántico, donde las leyendas, la tradición y la intimidad son los ingredientes principales. Tiene calles tranquilas para caminar durante horas y restaurantes muy íntimos.

En Playa de Carmen hay hermosas playas, con aguas de color turquesa del mar Caribe. Puedes descansar y tomar el sol mientras escuchas el relajante sonido del mar.

En **Chihuahua**, las Barrancas del Cobre son un gran espectáculo. Hay grandes montañas y puedes admirar paisajes fantásticos además de observar la naturaleza. Es posible viajar en tren, a caballo, en bicicleta, a pie o en kayak. En la ciudad, la catedral es una de las más importantes del norte de México.

Expresión e interacción orales

6.36. Habla con tu compañero/a sobre cuál de las cuatro opciones es la mejor para ti. Explícale por qué.

Comprensión auditiva

20 **6.37.** Escucha a Almudena cómo describe su barrio y completa las frases.

a Su ático es pequeño, mide ....

b En su calle hay tiendas de ropa, dos ...., una .... y un ....

c En la plaza de Chueca hay .... y ....

d El ambiente es .... porque viven personas de varias nacionalidades.

Expresión e interacción escritas

6.38. Escribe un texto sobre tus vacaciones favoritas.